蔬菜全产业链
机器视觉关键技术

王学伟　刘君　著

中国农业出版社
北 京

资 助 项 目

本书第一作者：王学伟，博士，教授。第二作者：刘君，硕士，副教授。本书依托山东省高校设施园艺实验室平台和山东省设施园艺生物工程研究中心，受到教育部科技发展中心创新基金、山东省自然科学基金项目、山东省社会科学规划项目、山东省本科教学改革研究项目等基金项目的资助。作者依据机器视觉发展理论前沿，对蔬菜全产业链机器视觉关键技术进行了全面、系统的研究。希望本书能对智慧农业、智慧蔬菜相关领域的同行有所借鉴。

基金资助情况：

2023 年度教育部科技发展中心创新基金"面向智能制造的机器视觉系统及关键技术研究"，教育部立项，经费 20 万元（课题编号：2022BL023），2023.03；

2023 年度山东省自然科学基金项目"温室种植果菜类蔬菜典型病害检测识别方法研究"（项目编号 ZR2023MF048），2024.01.01—2026.12.31；

2022 年度山东省社会科学规划项目"数字经济赋能智慧农业发展：困境、动力与破局"（22CSDJ66），2023.03；

2023 年度企业委托合作项目"计算机视觉模式识别关键技术研究"（KJ2023015），经费 10 万元，2023.05；

山东省社科联 2023 年度人文社会科学课题"农业全产业链数字化转型的动力机制与对策建议研究"（项目编号 2023－XWKZ－016），2023.08.01—2024.12.31；

2021 年度山东省自然科学基金项目"基于计算机视觉的设施蔬菜病害诊断"（项目编号 ZR2021QC173）；

2019 年度山东省民办高校基础能力建设工程项目"新旧动能转换下

对接新一代信息技术产业的软件工程专业群建设"，山东省教育厅立项，经费 200 万元，2019.03；

2019 年度山东省高等学校科研创新平台山东省高校设施园艺实验室资助项目"设施蔬菜物联网智能控制与病害监测关键技术研究及系统实现"（项目编号：2019YY003），经费 42 万元，2019.06；

2018 年度教育部科技发展中心创新基金"基于人脸识别和深度学习的课堂教学效果分析系统"，教育部立项，经费 23 万元（课题编号：2018A02013），2019.03；

2020 年度山东省本科教学改革研究项目"一三三"新一代 IT 应用型人才培养模式创新研究（项目编号：M2020029），山东省教育厅，2020.09—2023.08。

　　民以食为天，而作为具备富含多种维生素和微量元素的蔬菜则是日常餐桌上必不可少的食物。近年来，人民群众的生活水平日益提高，对于蔬菜的需求日益增加，蔬菜种植面积不断扩大，品种逐渐丰富，产量逐年提高。我国人民群众的饮食习惯决定了蔬菜在日常饮食中的重要地位，决定了蔬菜在保障人民群众的营养健康中的关键作用。随着居民消费水平的提高，蔬菜在居民消费中占据了重要部分。在时代进步和科技发展的今天，蔬菜生产科学化、现代化、智能化的程度不断提升，蔬菜产业的蓬勃发展满足了人民群众对于日常饮食和营养健康的需求，为促进农村经济发展和带动农民增收致富起到了巨大的推动作用。我国的蔬菜产量和消费量全球领先，蔬菜在我国大部分地区广泛种植，但是，与粮食作物相比，蔬菜产业涉及非常复杂的农业技术，因此，需要更强大的技术支撑。在科学技术发展日新月异的新时代，农村劳动力缺乏，只有创新蔬菜全产业链关键技术，才能够提高蔬菜产业的科技含量，推动蔬菜全产业链的提质升级。

　　在对山东省寿光市蔬菜全产业链智能化发展的实际情况展开调研的过程中，课题组实地走访了地方农业农村局、大型农业企业、专业合作社、潍坊科技学院蔬菜种植基地以及当地蔬菜种植户，发现蔬菜产业从业人员提出一个共同的问题，即"能否利用机器对蔬菜全产业链进行智能追踪？"其科学问题就是如何用机器替代经验丰富的蔬菜产业从业人员，从而实现对蔬菜全产业链的智能化高质量发展。这是蔬菜产业人工智能与大数据分析中的核心问题之一，也是当前国际上智慧农业领域的热点研究方向。

机器视觉技术是利用机器执行人眼视觉功能的一项技术，是摄像机、图像采集设备和图像处理技术的结合，目前已经在各行各业立下了汗马功劳，在工业、农业、军事和交通等领域都显示出了它的优势。机器视觉技术主要通过图像装置获取信息，以类似人类肉眼的方式进行信息的"观察"和读取，它是计算机、电子信息、人工智能等多种科学与技术的融合。随着科技的不断进步，机器视觉技术取得蓬勃发展，将机器视觉技术与蔬菜产业结合将有着十分广阔的前景。机器视觉技术比传统的人工方法更准确、更可靠、更快速，已被广泛应用于蔬菜的检测识别中。蔬菜全产业链机器视觉关键技术的交叉应用具有理论知识的创新性和技术应用的可行性，能够改变传统蔬菜产业简单机械作业、生产效率低下、人力成本较高的局面，方便进行蔬菜产前、产中、产后全流程的精准监控和管理，对于推动蔬菜产业智慧发展发挥着不可忽视的重要作用。

本书结合前期研究成果以及所在单位地处中国蔬菜之乡的地域优势，旨在根据对当前蔬菜产业的发展现状分析，从全产业链角度（产前、产中、产后）出发，利用先进的机器视觉和深度学习算法，开展蔬菜全产业链机器视觉关键技术研究，提出蔬菜全产业链中机器自主实时检测的技术与方法，以期能够提升蔬菜产业的科技含量，实现科技赋能蔬菜产业高质量发展。

在本书撰写过程中，许多朋友和同事都给予了大量的指导和帮助，包括潍坊科技学院农学院的祝海燕、刘永光等老师，贵州大学公共大数据实验室的陈玉玲教授等，特此感谢！

目　录

Contents

1 绪 论

本部分重点介绍研究的必要性，借助当前的流行软件 Citespace，对研究人员在蔬菜全产业链机器视觉关键技术领域所做的研究做一个比较全面的综述，在此基础上，给出研究目的与内容。

1.1 研究背景与意义

在人工智能飞速发展的新时代，人工智能与农业领域正在产生深入的交叉融合，实现了农业种植养殖的科学化。在这样的大背景下，智能农业、精准农业、数字农业等依托先进的科学技术的崭新名词以农业领域专业术语的形式层出不穷。中国作为一个人口大国，清楚地认识到农业对于国民经济发展的重要支柱作用，党中央和国务院始终高度重视农业的发展，自 2016 年"智慧农业"首次出现在中央 1 号文件中以来，不断推动智慧农业的落地实践，各省（自治区、直辖市）围绕智慧农业建设，进行了诸多实践探索。不管是从国家战略层面提出的对于智慧农业发展路径的推进举措，抑或是各省（自治区、直辖市）通过与高校科研院所、行业企业联合攻关进行的智慧农业项目的建设实施，都显示出先进的新一代信息技术与农业领域的深入融合是未来农业发展的大势所趋。那么，依托先进的科学技术与农业结合来发展智慧农业，实现技术赋能农民种植养殖，提高农业领域的科技附加值，是摆在研究人员面前亟待解决的关键问题。

机器视觉（machine vision，MV）是人工智能领域的关键组成部分，是一门研究让机器代替人类肉眼进行"观察"的学科，目前已广泛应用于零部件检测、医学影像分析、军事侦察图像分析等，但尚未在我国庞大的农业领域发挥应有的重要作用，机器视觉在农业领域的应用仍有巨大的研究空间。随着计算机硬件成本的不断降低、模型算法性能及计算效率的不断提升，机器视觉系统的应用得到学界的重视。

20 世纪 70 年代末期机器视觉技术才开始在农业中崭露头角。机器视觉开始在种子筛选、撒药、灌溉、除草等农业生产过程中扮演重要角色，实现了精准作业，在一定程度上代替了人工，一方面可以减少艰苦、复杂、恶劣的操作环境对劳动力的健康所带来的影响，应对环境污染、生态恶化等现实困难，另一方面可以有效提升农民的工作效率，应对农村劳动力重复劳动、短缺匮乏等现实困难，因此，机器视觉正在逐渐得到农业领域从业人员的认可和支持。美国、德国、荷兰、新西兰、澳大利亚等农业发达国家和地区已经将机器视觉技术应用于农业生产，并且已经有了成熟的产品用于真实的农场环境中。相对于国外来说，我国作为典型的劳动密集型国家，机器视觉技术和农业领域的交叉融合起步较晚，但随着国家政策的出台，逐渐吸引相关涉农高校科研院所以及行业企业的关注，引起了各大实验室的广泛深入研究，目前正在逐渐从实验室研究转向落地实际应用。与此同时，在智能驾驶技术不断推陈出新的今天，机器视觉在农业车辆导航领域的应用取得突破，研究人员正在研究如何攻克农业车辆导航系统在执行农事操作过程中地面粗糙、障碍过多等瓶颈，已经取得了一定的研究成果。机器视觉技术在农业领域的应用，推动了农业全产业链的转型升级，尤其是伴随着图像处理的软硬件设施的升级和算力水平的提升，使得机器视觉技术在农业感知、监测、预警、识别等环节扮演着更加关键、更加核心的角色。

随着机器视觉技术的不断发展和智慧农业发展进程的日益深化，两者之间的交叉融合日益显现，主要体现在农业视觉感知、农业表型计算、农业耕种管收等各方面。然而，当前机器视觉技术与农业领域的交叉融合仍然难以满足智慧农业发展的需求，导致一方面涉农企业面临"技术壁垒"，另一方面农民面临"技术难用"。部分县市区在发展智慧农业的过程中不能很好地坚持让技术惠及广大农民，转而盲目追求开发建设一批更高层次的智慧农业项目，在一定程度上导致智慧农业建设屡战屡败，很难满足农业生产的实际需求，在部分区域出现技术滥用的问题。因此，必须科学利用机器视觉技术，使其在农业领域发挥出更好的效果。相对于粮食作物来说，蔬菜对于机器视觉的要求非常复杂，在蔬菜全产业链发展中必须合理利用机器视觉技术才能够真正实现优质高产。根据蔬菜在实际生产中的生命周期，蔬菜全产业链涉及产前、产中、产后三大阶段。第一阶段为产前阶段，这一阶段的蔬菜产业处于早期探索期，在育种以及种子的精细处理方面进行产前的规划，主要包括蔬菜种苗的筛选、培育以及产前的各项处理环节；第二阶段为产中阶段，主要包括蔬菜生产过程中的灌溉施肥、农药喷洒、病害防治、杂草去除、采摘收割等农事操作；第三阶段为产后阶段，主要包括产后销售、质量保障等。受到历史因素以及传统农业发展的制约，蔬菜全产业链各阶段存在劳动密集型的典型特征，智慧化程度不高，亟须采用先进的机器视觉技术，对蔬菜全产业链进行全面深入的革新。进行蔬菜全产业链机器视觉关键技术研究，就是要依托机器视觉领域的人工智能、图像识别、深度学习、目标检测等技术与算法，以海量蔬菜数据为支撑，构成以"蔬菜生产人员—蔬菜加工企业—蔬菜流通商—消费者"为核心的蔬菜全产业链智能化服务流程，对蔬菜全产业链涉及的人、机器、作物、空间、环境等实现实时获取、有效识别、精准调控，打造成智慧蔬菜全产业链。

本书依托笔者所在单位的地域优势——山东省寿光市——我国著名的"蔬菜之乡"，也是我国冬暖式大棚发祥地、全国最大的温室蔬菜生产基地，蔬菜大面积广泛种植。项目组前期对寿光市菜农进行的走访调研中，种植户们都提出了一个共同愿景，就是"能否用现代科技手段精准种植蔬菜?"，其科学问题就是如何用人工智能和机器视觉方法对温室种植环境下的蔬菜进行全产业链管理。

然而，蔬菜全产业链机器视觉关键技术在实际种植环境中面临着严峻的挑战，如种植环境复杂、蔬菜种类多等。尽管近年来深度学习技术在克服上述问题方面取得了一定的成功，但如何提高蔬菜全产业链机器视觉关键技术的应用性能，满足蔬菜多区域、多空间、多时间的全产业链管理要求，是一个关键问题。本书拟梳理蔬菜全产业链机器视觉关键技术，以深度学习领域前沿算法为基础，通过分析蔬菜类型和图像特点，对算法进行反复改进和实验，实现机器视觉技术赋能蔬菜全产业链变革，降低人工劳动成本。

1.2　蔬菜全产业链机器视觉关键技术全球研究现状

在智慧农业时代，机器视觉关键技术或将成为推动蔬菜全产业链智慧化的一大关键。由于蔬菜相关研究的跨学科性，蔬菜全产业链机器视觉相关研究分散在计算机视觉、农业、生物、医学和营养健康等不同的研究领域，虽然学术界对蔬菜视觉识别进行了一定的综述工作，然而，已有工作大多是针对某一个特定领域的综述。为了宏观掌握全球蔬菜全产业链机器视觉关键技术的发展动态，以更宽广的视角了解蔬菜全产业链机器视觉关键技术在世界范围的研究前沿和应用热点，本专著基于美国科学情报研究所（ISI）创建的 Web of Science 数据库（WoS）核心论文集的 SCIE 和 SSCI 收录的"蔬菜产业与机器视觉交叉研究"相关文献，利用知识图谱可视化软件，绘制蔬菜全产业链机器视觉关键技术研究知识图谱。

1.2.1　文献来源

为了保证数据质量，本书对于美国科学情报研究所创建的 Web of Science 数据库核心合集的 SCIE 和 SSCI 收录的"蔬菜产业与机器视觉交叉研究"相关文献进行采集，因此，检索文献发表时间截至 2022 年 7 月。

考虑到"蔬菜产业"和"机器视觉"都包含多种表述形式，为了保证数据采集的全面性，检索内容涵盖常见蔬菜的英文名称和机器视觉的多个分支方向，采用总分式检索思路（表1-1）。检索式如下：

((((((((TS= (((vegetable) or (tomato) or (cucumber) or (potato) or (eggplant) or (onion) or (broccoli) or (cauliflower) or (cabbage) or (carrot) or (celery) or (chili) or (pea) or (radish) or (spinach) or (lettuce) or (leek) or (melon) or (pumpkin)) and (machine vision＊))) OR TS= (((vegetable) or (tomato) or (cucumber) or (potato) or (eggplant) or (onion) or (broccoli) or (cauliflower) or (cabbage) or (carrot) or (celery) or (chili) or (pea) or (radish) or (spinach) or (lettuce) or (leek) or (melon) or (pumpkin)) and (machine vision＊))) OR TS= (((vegetable) or (tomato) or (cucumber) or (potato) or (eggplant) or (onion) or (broccoli) or (cauliflower) or (cabbage) or (carrot) or (celery) or (chili) or (pea) or (radish) or (spinach) or (lettuce) or (leek) or (melon) or (pumpkin)) and ((convolutional neural network＊) or (CNN)))) OR TS= (((vegetable) or (tomato) or (cucumber) or (potato) or (eggplant) or (onion) or (broccoli) or (cauliflower) or (cabbage) or (carrot) or (celery) or (chili) or (pea) or (radish) or (spinach) or (lettuce) or (leek) or (melon) or (pumpkin)) and (artificial intelligence＊))) OR TS = (((vegetable) or (tomato) or (cucumber) or (potato) or (eggplant) or (onion) or (broccoli) or (cauliflower) or (cabbage) or (carrot) or (celery) or (chili) or (pea) or (radish) or (spinach) or (lettuce) or (leek) or (melon) or (pumpkin)) and (deep learning＊))) OR TS= (((vegetable) or (tomato) or (cucumber) or (potato) or (eggplant) or (onion) or (broccoli) or (cauliflower) or (cabbage) or (carrot) or (celery) or (chili) or (pea) or (radish) or (spinach) or (lettuce) or (leek) or (melon) or (pumpkin)) and (image processing＊))) OR

TS= (((vegetable) or (tomato) or (cucumber) or (potato) or (eggplant) or (onion) or (broccoli) or (cauliflower) or (cabbage) or (carrot) or (celery) or (chili) or (pea) or (radish) or (spinach) or (lettuce) or (leek) or (melon) or (pumpkin)) and (feature extraction＊))) OR TS= (((vegetable) or (tomato) or (cucumber) or (potato) or (eggplant) or (onion) or (broccoli) or (cauliflower) or (cabbage) or (carrot) or (celery) or (chili) or (pea) or (radish) or (spinach) or (lettuce) or (leek) or (melon) or (pumpkin)) and (object detection＊))) OR TS= (((vegetable) or (tomato) or (cucumber) or (potato) or (eggplant) or (onion) or (broccoli) or (cauliflower) or (cabbage) or (carrot) or (celery) or (chili) or (pea) or (radish) or (spinach) or (lettuce) or (leek) or (melon) or (pumpkin)) and (image segment＊))

考虑到机器视觉最早出现在 1959 年 Hubel 和 Wiesel 等人的猫视觉实验中，因此，检索 1959—2022 年发表的文献，实际检索出最早的一篇文献发表于 1985 年，最终检索到 2 811 篇文献，去除新闻等与研究不相关的数据得到 2 607 篇文献，作为本研究的数据源。

表 1-1 "蔬菜产业与机器视觉交叉研究"检索式构建

主题	检索式
蔬菜产业机器视觉（Vegetable machine vision）	TS= ((vegetable) or (tomato) or (cucumber) or (potato) or (eggplant) or (onion) or (broccoli) or (cauliflower) or (cabbage) or (carrot) or (celery) or (chili) or (pea) or (radish) or (spinach) or (lettuce) or (leek) or (melon) or (pumpkin)) and (machine vision＊)
蔬菜产业计算机视觉（Vegetable computer vision）	TS= ((vegetable) or (tomato) or (cucumber) or (potato) or (eggplant) or (onion) or (broccoli) or (cauliflower) or (cabbage) or (carrot) or (celery) or (chili) or (pea) or (radish) or (spinach) or (lettuce) or (leek) or (melon) or (pumpkin)) and (computer vision＊)

（续）

主题	检索式
蔬菜产业卷积神经网络（Vegetable convolutional neural network）	TS=（（vegetable）or（tomato）or（cucumber）or（potato）or（eggplant）or（onion）or（broccoli）or（cauliflower）or（cabbage）or（carrot）or（celery）or（chili）or（pea）or（radish）or（spinach）or（lettuce）or（leek）or（melon）or（pumpkin））and（（convolutional neural network＊）or（CNN））
蔬菜产业人工智能（Vegetable artificial intelligence）	TS=（（vegetable）or（tomato）or（cucumber）or（potato）or（eggplant）or（onion）or（broccoli）or（cauliflower）or（cabbage）or（carrot）or（celery）or（chili）or（pea）or（radish）or（spinach）or（lettuce）or（leek）or（melon）or（pumpkin））and（artificial intelligence＊）
蔬菜产业深度学习（Vegetable deep learning）	TS=（（vegetable）or（tomato）or（cucumber）or（potato）or（eggplant）or（onion）or（broccoli）or（cauliflower）or（cabbage）or（carrot）or（celery）or（chili）or（pea）or（radish）or（spinach）or（lettuce）or（leek）or（melon）or（pumpkin））and（deep learning＊）
蔬菜产业图像处理（Vegetable image processing）	TS=（（vegetable）or（tomato）or（cucumber）or（potato）or（eggplant）or（onion）or（broccoli）or（cauliflower）or（cabbage）or（carrot）or（celery）or（chili）or（pea）or（radish）or（spinach）or（lettuce）or（leek）or（melon）or（pumpkin））and（image processing＊）
蔬菜产业特征提取（Vegetable feature extraction）	TS=（（vegetable）or（tomato）or（cucumber）or（potato）or（eggplant）or（onion）or（broccoli）or（cauliflower）or（cabbage）or（carrot）or（celery）or（chili）or（pea）or（radish）or（spinach）or（lettuce）or（leek）or（melon）or（pumpkin））and（feature extraction＊）
蔬菜产业目标检测（Vegetable object detection）	TS=（（vegetable）or（tomato）or（cucumber）or（potato）or（eggplant）or（onion）or（broccoli）or（cauliflower）or（cabbage）or（carrot）or（celery）or（chili）or（pea）or（radish）or（spinach）or（lettuce）or（leek）or（melon）or（pumpkin））and（object detection＊）

（续）

主题	检索式
蔬菜产业图像分割（Vege-table image segmentation）	TS＝（（vegetable）or（tomato）or（cucumber）or（potato）or（eggplant）or（onion）or（broccoli）or（cauliflower）or（cabbage）or（carrot）or（celery）or（chili）or（pea）or（rad-ish）or（spinach）or（lettuce）or（leek）or（melon）or（pump-kin））and（image segment＊）

1.2.2　文献处理

本研究主要采用文献计量分析法，运行 CiteSpace 进行计量分析，对美国科学情报研究所创建的 Web of Science 数据库收录的全球蔬菜全产业链机器视觉关键技术研究相关的样本数据库进行定量统计分析。在此基础上，通过生成科学知识图谱的方式展示全球蔬菜全产业链机器视觉关键技术研究的关键词之间的关联关系，进一步开展关键词共现分析，挖掘突变关键词动态信息，追踪全球蔬菜全产业链机器视觉关键技术研究热点和发展趋势。

采用最新的版本 CiteSpace-6.1.2 来绘制全球蔬菜全产业链机器视觉关键技术研究的知识图谱。将美国科学情报研究所创建的 Web of Science 数据库导出为纯文本数据的文献，再导入到 CiteSpace 中进行格式转换，实际时间阈值为 1985—2022，间隔为 1 年，TopN 选择 N＝50，设置默认阈值为"（1，3，20），（3，3，20），（3，3，20）"。

1.2.3　全球蔬菜全产业链机器视觉关键技术研究文献计量分析

1.2.3.1　全球蔬菜全产业链机器视觉关键技术研究发文量分析

根据 1985—2022 年发文量统计可知，21 世纪之前全球蔬菜全产业链机器视觉关键技术研究刚刚起步，相关文章寥寥无几，但是蔬菜生产中的自动化、机械化对蔬菜产业发展的支持作用已经开始引起学术界的重视。

自 2015 年，发文量大幅提升（图 1-1）。

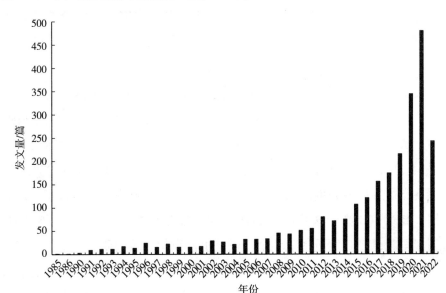

图 1-1 全球蔬菜全产业链机器视觉关键技术研究文献 1985—2022 年发文量统计

全球蔬菜全产业链机器视觉关键技术研究的发展从发文量看，呈现逐年增长趋势，因此，将相关研究分为如下 3 个阶段：传统数字图像处理方法阶段（1985—2004），年发文量为 1～29 篇；传统机器学习方法阶段（2005—2011），年发文量为 32～55 篇；深度学习方法阶段（2012—2022），年发文量在 71 篇以上。

1.2.3.2 全球蔬菜全产业链机器视觉关键技术重点国家和地区发文分析

为了更好地分析全球蔬菜全产业链机器视觉关键技术重点国家和地区发文情况，绘制发文国家和地区图谱。有 124 个国家和地区参与了蔬菜全产业链机器视觉关键技术研究，总发文量 3 354 篇，超过采集的文献总量 2 607 篇，究其原因在于不同国家和地区之间存在合作，在发文计算时会同时计算参与合作的不同国家和地区的发文量。其中，发表蔬菜全产业链机器视觉关键技术相关文献 3 篇及以上的国家和地区总共有 70 个，超过 10 篇的有 50 个，超过 100 篇的有 9 个，超过 40 篇的有 20

个。发文量前 20 名的国家和地区发文量占领域发文总量的 59.63%，说明全球蔬菜全产业链机器视觉关键技术研究发文国家和地区分布较为集中，网络整体密度为 0.053，说明不同国家和地区之间存在一定的相互合作。

发文量前 20 名的国家和地区如表 1-2 所示，包括中国、美国、印度、西班牙、日本、意大利、英国、伊朗、德国、加拿大、荷兰、韩国、巴西、法国、澳大利亚、波兰、土耳其、比利时、中国台湾、墨西哥。结果显示，中国发文量排名第一，高达 612 篇，这体现出中国蔬菜全产业链机器视觉研究领域高度活跃，引起了研究者的高度重视。发文量第二位为美国，高达 408 篇。这些国家和地区的首发年份在 1991—2009 年之间，说明很早就已经开始重视蔬菜全产业链机器视觉领域的研究。中美两国发文量之和占发文量前 10 名的国家和地区发文总量的 53.15%，占发文量前 20 名的国家和地区发文总量的 39.46%。说明中美两国在蔬菜全产业链机器视觉领域研究活跃程度非常高。中心性表示节点的重要性，其中中心性大于 0.1 的节点为关键节点。中心性较高的国家和地区包括美国（0.52）、中国（0.16）、印度（0.15）、西班牙（0.11）、法国（0.18）、德国（0.1）和日本（0.1）。国家和地区篇均被引频次是该国家和地区每篇文章的平均被引用频次，能够体现出国家和地区的科研影响力。英国的篇均被引频次排名第一，西班牙第二，荷兰第三。由此看来，虽然中国在蔬菜全产业链机器视觉研究领域活跃度非常高，但发文影响力亟待提升。

表 1-2　蔬菜全产业链机器视觉研究发文量前 20 名的国家和地区

国家和地区	发文量	首发年份	中心性	总被引频次	篇均被引频次
中国	612	1998	0.16	8 711	14.23
美国	408	1990	0.52	11 185	27.41
印度	190	2002	0.15	2 661	14.01
西班牙	149	1995	0.11	5 554	37.27

（续）

国家和地区	发文量	首发年份	中心性	总被引频次	篇均被引频次
日本	126	1991	0.1	2 254	17.89
意大利	118	1993	0.08	2 557	21.67
英国	111	1994	0.3	4 236	38.16
伊朗	104	2009	0.05	1 558	14.98
德国	101	1995	0.1	2 691	26.64
加拿大	81	1994	0.04	1 634	20.17
荷兰	81	1995	0.06	2 435	30.06
韩国	78	2002	0.03	1 483	19.01
巴西	73	2001	0.02	1 115	15.27
法国	72	1991	0.18	1 766	24.53
澳大利亚	55	1997	0.03	1 146	20.84
波兰	49	1999	0.03	690	14.08
土耳其	47	2006	0.02	723	15.38
比利时	44	1999	0.04	1 208	27.45
中国台湾	43	2002	0.02	529	12.30
墨西哥	43	2002	0.02	635	14.77

1.2.3.3 全球蔬菜全产业链机器视觉关键技术重点机构发文分析

为了更好地分析全球蔬菜全产业链机器视觉关键技术重点机构发文情况，掌握不同研究机构的相互合作关系，绘制蔬菜全产业链机器视觉研究发文机构图谱。有 1 732 家机构参与了蔬菜全产业链机器视觉关键技术研究，其中，发表蔬菜全产业链机器视觉关键技术相关文献 3 篇及以上的总共有 144 家机构，超过 10 篇的有 33 家机构，超过 20 篇的有 10 家机构，网络整体密度低至 0.002 5，说明研究机构分布较为广泛，但是相对孤立。这些机构既包括综合性大学，也包括农林类高校和科研院所，首发年份参差不齐，这体现出随着机器视觉关键技术的进步以及学科交叉融合的深入，研究机构的范围日益广泛，正在引起水平各异、领域各异、类型各异的研究机构的关注。

　　对发文数量较高的前 10 名机构如表 1-3 所示，包括中国农业大学、浙江大学、美国农业部、江苏大学、加州大学、农业农村部、中国科学院、南京农业大学、佛罗里达大学、中国农业科学院。发文量前 10 名的机构包括 7 家中国机构、3 家美国机构。结果显示，中国农业大学发文量排名第一，高达 73 篇，这体现出中国农业大学在蔬菜全产业链机器视觉研究领域高度活跃。发文量第二位为浙江大学，高达 48 篇。排名第三位的是美国农业部，说明美国农业部高度重视蔬菜全产业链机器视觉领域的研究。机构篇均被引频次在一定程度上代表了机构科研影响力。加州大学的篇均被引频次排名第一，中国科学院第二，美国农业部第三，佛罗里达大学第四，中国农业科学院第五。由此看来，中国科学院和中国农业科学院是国内蔬菜全产业链机器视觉研究领域的重要研究机构，科研生产力水平和发文影响力水平都较高。虽然中国农业大学和浙江大学在蔬菜全产业链机器视觉研究领域活跃度非常高，但发文影响力水平仍需提升。

表 1-3　蔬菜全产业链机器视觉研究发文量前 10 名的机构

机构名	国家	发文量	总被引频次	篇均被引频次
中国农业大学	中国	73	929	12.73
浙江大学	中国	48	572	11.92
美国农业部	美国	47	801	17.04
江苏大学	中国	38	460	12.11
加州大学	美国	32	612	19.13
农业农村部	中国	32	376	11.76
中国科学院	中国	26	473	18.19
南京农业大学	中国	22	305	13.86
佛罗里达大学	美国	21	459	14.81
中国农业科学院	中国	21	304	14.48

1.2.3.4 全球蔬菜全产业链机器视觉关键技术重点出版物分析

统计全球蔬菜全产业链机器视觉关键技术重点出版物,如表1-4所示。对2 607篇文献的发表期刊进行分类,发现高达201家期刊发表蔬菜全产业链机器视觉关键技术相关文献。*Computers and Electronics in Agriculture*的发文量遥遥领先,但仅占总发文量的6.44%,说明当前全球蔬菜全产业链机器视觉关键技术研究领域发文出版物分布广泛。从发文影响力出发,*Food Chemistry*的篇均被引频次最高,达到17.33,其次是*Transactions of the Asae*、*Journal of Food Engineering*和*Frontiers in Plant Science*,篇均被引频次均超过8,说明这6种主流的农业工程类和综合性期刊是领域内的重点出版物。

表1-4 蔬菜全产业链机器视觉研究发文量前10名的出版物

出版物名	发文量	占总发文量的比重/%	总被引频次	篇均被引频次
Computers and Electronics in Agriculture	168	6.44	959	5.71
Sensors	65	2.49	484	7.45
Journal of Food Engineering	53	2.03	578	10.91
Biosystems Engineering	51	1.96	590	11.57
Applied Sciences Basel	39	1.50	116	2.97
Frontiers in Plant Science	38	1.46	311	8.18
Ieee Access	38	1.46	191	5.03
Remote Sensing	36	1.38	121	3.36
Transactions of The Asae	31	1.19	363	11.71
Food Chemistry	27	1.04	468	17.33

1.2.3.5 全球蔬菜全产业链机器视觉关键技术研究热点分析

关键词直接体现出研究内容的关键所在,通过对关键词的产生频次和中心性进行分析,能够从中推导出研究热点。利用CiteSpace软件对全球蔬菜全产业链机器视觉关键技术研究相关文献的关键词进行关键词共现分析，探索全球蔬菜全产业链机器视觉关键技术研究中赢得学界重点关注的内容，在此基础上，找出突变关键词的产生脉络，从而掌握全球蔬菜全产业链机器视觉关键技术研究随着时间变化的走向。

运行 CiteSpace 软件，将时间阈值设置为 1985—2022，间隔为 1 年，TopN 选择 N=50，以关键词为节点，以 1 年为一个时间分区，设置默认阈值为 g-index（k=25），LRF=3.0，L/N=10，LBY=5，e=1.0，得到全球蔬菜全产业链机器视觉关键技术研究相关文献研究热点聚类知识图谱，包含 916 个关键词和 2 681 条连接线，网络整体密度为 0.006 4，如图 1-2 所示。

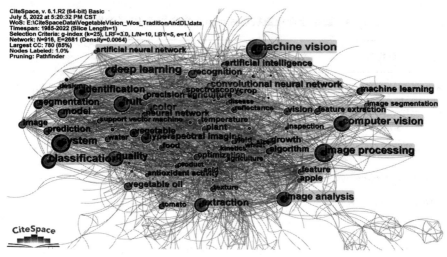

图 1-2　全球蔬菜全产业链机器视觉研究关键词共现图谱

根据图 1-2，能够直观发现全球蔬菜全产业链机器视觉研究的重点领域，每个圆形的节点代表关键词，大小各异的圆环表示关键词出现的频次，节点越大，表示关键词出现的频次越高，说明关键词反复出现，从而能够代表全球蔬菜全产业链机器视觉的研究热点。按照 1973 年多诺霍提出的高频词、低频词判断公式：$T = \dfrac{-1 + \sqrt{1 + 8I_1}}{2}$，其中，$I_1$ 表示频次为 1 的关键词的个数，其值为 361，得到阈值为 53.75，即频次超过 54 次及以上的关键词是高频关键词，前几位分别是 quality、Classification、machine vision、system、image processing、computer vision 等。另外，圆环最外层的紫红色年轮表示中心性，中心性越大，说明这个关键词的中心作用越大，对其他关键词的影响也越大。频次和中心性都高的关键词代表了研究者共同关注的热点，如表 1-5 所示。可以看出，高频词比较多，共有 26 个，其中，machine vision 和 computer vision 等关键词的含义相同，deep learning 和 machine learning 等关键词的含义也存在交叉，因此，将其进行合并处理，同时，挑选出其中中心性大于 0.1 的关键词得到全球蔬菜全产业链机器视觉领域的研究热点，这些关键词包括 machine vision、image processing、extraction 等。由此看来，研究者更加关注以蔬菜全产业链机器视觉关键技术中的图像处理、特征提取领域。

表 1-5　蔬菜全产业链机器视觉研究关键词共现频次

序号	关键词	频次	中心性	首次出现年份	序号	关键词	频次	中心性	首次出现年份
1	deep learning	194	0	2017	9	identification	127	0.09	2003
2	classification	180	0.02	2002	10	image analysis	109	0.1	2003
3	machine vision	166	0.11	1990	11	extraction	102	0.14	1993
4	system	154	0.06	1992	12	color	99	0.05	1996
5	image processing	147	0.13	1994	13	segmentation	86	0.03	2011
6	computer vision	142	0.04	1990	14	convolutional neural network	85	0	2017
7	quality	132	0.05	2006	15	model	76	0.03	2009
8	fruit	130	0.08	1997	16	hyperspectral imaging	69	0.04	2010

（续）

序号	关键词	频次	中心性	首次出现年份	序号	关键词	频次	中心性	首次出现年份
17	image	68	0.02	2010	22	vegetable	63	0.06	1997
18	machine learning	68	0.01	2015	23	growth	63	0.04	2005
19	recognition	66	0.03	2002	24	neural network	62	0.02	2007
20	vegetable oil	66	0.04	2007	25	prediction	61	0.01	2012
21	artificial intelligence	66	0.03	1992	26	algorithm	57	0.03	1999

　　根据表1-5，进一步对选出的高频关键词进行合并、整理、抽取和汇总分析，得到全球蔬菜全产业链机器视觉相关文献研究热点非常广泛，进一步生成聚类知识图谱，如图1-3所示。

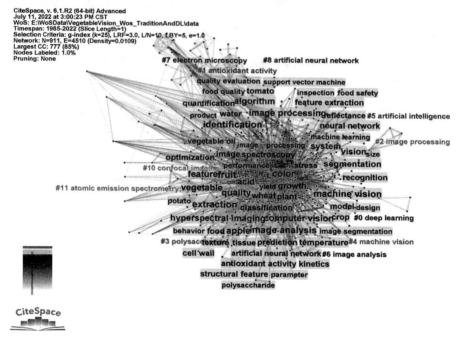

图1-3　全球蔬菜全产业链机器视觉研究热点聚类知识图谱

　　对于软件运行结果进行解读，并且对于蔬菜全产业链的主要环节进行划分，总结全球蔬菜全产业链机器视觉研究热点体现在下面的领域。

（1）蔬菜产前阶段机器视觉关键技术。产前阶段主要为蔬菜育种、种子清选、种植环境监测等。蔬菜产前阶段机器视觉关键技术包括蔬菜产前种子筛选检测、种植环境监测等智能农业领域。

①产前种子筛选检测。该领域的研究较为稀少，是伴随着育种信息化技术的发展而逐渐衍生出来的。根据蔬菜育种工作经验可知，做好产前种子活力筛选检测，能够保证蔬菜的健康生长，提高蔬菜的质量和产量。因此，怎样精准高效地筛选出有活力的种子，怎样科学合理地对种子的质量进行分级是蔬菜产前阶段亟待攻克的难题。产前种子筛选检测引起了学术界的高度关注。具体来说，Jannat 等（2021）研究了采用机器视觉技术评估番茄种子质量，从患病和感染的种子中分离出健康种子，分类精度可达97%以上。

②产前种植环境监测。蔬菜的生长过程受到土壤、气候、光照、水分、微量元素等种植环境的制约，不同种类的蔬菜对于产前种植环境的要求相差迥异。尤其对于温室种植蔬菜来说，由于常年种植或季节性种植，导致土壤很难获得雨水的有效滋养，同时由于温室内高温高湿，土壤中水分非常容易蒸发，进一步使得深层土壤中的微量元素在水分蒸发过程中浮于土壤上层，不利于蔬菜的正常发育。因此，只有做好产前种植环境监测，才能够为蔬菜的正常生长提供良好的种植环境。其中，土壤湿度和成分的监测在蔬菜产前种植环境监测中占据着关键地位，直接关系到蔬菜种植过程中浇水、施肥等农事操作。Li 等（2021）利用农业物联网技术以及无线传感器网络监测土壤湿度和成分，实时监测土壤湿度和成分的时空分布情况，取得了较好的效果。

土壤肥力是指土壤支持蔬菜生长的能力。土壤养分元素包括氮、钾、硫、钙、磷、镁、硼、铁、氯、锰和锌，蔬菜的生长高度依赖于这些营养物质，因此有必要对土壤进行测试，找出土壤养分的不足。如果没有土壤养分测试，很难控制肥料施用量，可能会导致大量滥用化肥。目前，机器视觉在土壤环境监测领域应用较少，随着低能耗、高稳定性传感器技术和无线传感网技术的发展，以及由此带来的海量农田数据、气象数据、农作物数据等，机器视觉在土壤环境监测领域会迎来较快发展。

（2）蔬菜产中阶段机器视觉关键技术。产中阶段主要包括田间管理、采摘收获等主要环节。蔬菜产中阶段机器视觉关键技术包括蔬菜产中生长参数无损监测与估产、病虫草害检测、农业机器人视觉定位测量、农业障碍物检测、产中采摘收获定位等智能农业领域。

①产中生长参数无损监测与估产。蔬菜产中阶段的植株高度、叶片颜色、果实大小等各种维度的生长参数直接决定着蔬菜是否正常健康发育。通过机器视觉技术的应用，能够精准测量这些参数。该方向引起了众多研究者的关注。以往的蔬菜生长参数测量需要人工方法，耗费大量的劳动力，而且测量结果不准确。Li 等（2020）将机器视觉技术用于蔬菜图像采集中，精确计算蔬菜的生长发育参数，在不损害蔬菜正常生长的同时能够快速得到最为可靠的数据。

在蔬菜估产领域，早期预测蔬菜产量是确保蔬菜安全的关键部分。精确的产量预测取决于许多方面，包括对产量和各种相互作用因素之间联系的作用的理解，这需要大型数据集和先进的算法来揭示。机器视觉技术主要通过检测识别蔬菜食用部分的颜色、尺寸等计算蔬菜产量。随着机器视觉相关技术的不断突破，可实现对不同成熟度的蔬菜产量的精准估测，减小不同生长阶段的蔬菜估产误差。已有研究主要从 3 个角度进行蔬菜估产：根据果实成熟度和尺寸的蔬菜估产、根据无人机监测数据的蔬菜遥感估产、根据多源数据融合的蔬菜多维度估产。大多数研究人员采用卷积神经网络和长短期记忆人工神经网络技术实现蔬菜估产。Rahnemoonfar 和 Sheppard（2017）提出采用合成图像的方法应对大数据集的缺失和繁杂的人工标注，作者用绿色和棕色的实心圆形填充空白图像来模拟背景和番茄植株，再用高斯滤波器模糊，在图像上的随机位置绘制若干随机大小的圆表示番茄，作者修改了 Inception - ResNet - A 最后一个卷积层，同时对 reduction 模块做了修改，将中线和右线的特征数减少，在此基础上构建了卷积网络，网络采用了 Xavier 初始化方法，在虚拟数据上进行训练，在真实数据上进行测试。实验结果表明，该系统在真实图像和合成图像上均可以达到 90％以上的准确率，可有效降低遮挡、光照和果实大小的干扰，该系统的平均处理时间不到 1 秒，满足了实时性要求，然而该方法受合成图像数据集的限制，不仅不易检测形态差异较大的番茄，也很难拓展可检测的水果种类。Chen 等（2021）针对 YOLOV3 在网络传输过程中信息丢失、小目标语义特征提取不丰富的问题，提出了一种改进的YOLOV3 樱桃番茄检测算法，能够在复杂背景下的成熟果实检测识别中达到较好的精度。

②产中病虫草害检测。该领域的研究不多，但影响力较大，近几年引起了植物保护专业及电子、计算机、机械相关专业研究人员的高度重视。与蔬菜估产类似，蔬菜病虫草害识别方法也是利用机器视觉技术进行检测识别，提取蔬菜中的病虫草害特征，进一步识别出病虫草害的类型和位置。

蔬菜的生长与所处外界条件息息相关，经常面临不同程度自然灾害的影响。从全球范围来看，病害和虫害是造成减产的主要因素，病虫害的频发不利于蔬菜的正常生长。蔬菜很容易受到病虫害感染，病虫害的传播取决于蔬菜所处的生长条件和对感染类型的易感性。为了避免蔬菜产量和质量的损失，识别蔬菜病虫害至关重要。因此，对于世界上许多地区来说，早期诊断蔬菜病虫害是一个重要问题。考虑到许多类型的病虫害仅靠人工经验无法区分，使用图像处理软件来帮助对蔬菜病虫害进行诊断成为当务之急。为了精准防控病虫害，可以在早期采用机器视觉技术进行检测识别，确定病虫害的类型和位置，为精准施药提供决策参考。已有研究对不同蔬菜的病虫害类型进行了检测识别，采用的数据集大多是简单背景下的，并取得了较好的精度，仅有少数研究人员开始采用复杂背景下的蔬菜病虫害数据集进行实验，但是效果不佳。

产中病虫草害检测在机器视觉领域常用的方法包括图像分类、目标检测和图像分割等。其中，研究人员更多采用深度学习领域的目标检测算法进行反复实验改进，以提高蔬菜产中病虫草害检测的精度和性能。He 等（2019）对油菜病虫害的检测识别精度达到 77.14％，并将算法部署到智能手机端，能够智能识别油菜病虫害，取得了良好的应用效果。

在蔬菜生产中，杂草是生长在不正确的地方的植物，会占用空间、阳光、土壤养分和水分，从而降低蔬菜产量和质量。使用过量的除草剂，将增加除草剂的成本、劳动力成本和污染。为了克服所有这些问题，自动杂草检测非常有必要。在蔬菜生产中，自动化清除杂草的设备十分依赖于杂草的准确识别，杂草识别的准确性对指导除草作业至关重要，通过有效地掌控杂草的长势情况能减少 40％除草剂的用量。丹麦科学家研发出智能除草机器人，可以精准识别影响蔬菜生长的杂草，并将其去除，大幅降低除草药剂的施用量，减少环境污染。美国加利福尼亚大学 Raja 等（2020）能够精准检测识别杂草，以此为精准喷洒除草剂提供依据。

③产中农业机器人视觉定位测量。与当今如火如荼发展的工业机器人类似，农业机器人也不甘示弱，在蔬菜全产业链作业流程中发挥了重要作用。由于蔬菜种植日趋广泛，而随着城镇化的发展导致农业劳动力日益短缺，从而使得能够执行蔬菜种植、管理、采摘、收获等农事操作的劳动力短缺，农事操作日趋繁重，在这样的大背景下，机器换人是必然选择。农业机器人的产生为蔬菜产业带来了福音，可以解决复杂恶劣环境下的农事操作难题。具体来说，喷雾（喷药或施肥）机器人、嫁接（移栽）机器人和采摘（番茄、黄瓜、茄子等）机器人等，不但减轻了劳动强度，而且大大提高了生产效率。农业机器人的工作原理离不开对于蔬菜种植中植株行距的测量，从而以此为依据引导农业机器人行走正确的路线。机器视觉定位测量作为其中一项核心技术，引起了全球研究者的广泛关注，产生了众多研究成果。在农业机器人执行操作时，提前检测定位是一项不可或缺的工作。Rekha 等（2020）提出了一种杂草刀控制机器人，可自动割除番茄和莴苣作物的杂草，而且能够尽量避免误伤蔬菜。Zhang 等（2020）研发了采摘机器人，在真实实验室环境中能够有效收获大多数蔬菜。

④产中农业障碍物检测。与工业机器人的操作环境不同，由于蔬菜种植环境的复杂性，产中农业机器人工作过程中会不可避免地遇到各种各样

的复杂问题，尤其是在碰到障碍物的情况下会导致操作失误，甚至会引发事故。因此，农业机器人一定要精准检测识别各种障碍物，尽可能地避免障碍物造成的操作失误。利用机器视觉技术，可以精准实时检测蔬菜种植环境中的人、电线杆、路灯等障碍物。

传统的农业障碍物检测采用 HOG（histogram of oriented gradient）、SIFT（scale – invariant feature transform）、SURF（speeded up robust features）和 Canny、立体视觉技术、HOG 特征与支持向量机等方法提取障碍物的特征，并检测出障碍物。这些方法存在着很大的局限性，它们仅能够检测出障碍物，不能识别出障碍物到底是人还是电线杆等物体，不能快速精准实时检测，从而对于农业机器人的形状路线和障碍物规避造成了巨大的困难。如今，研究人员开始采用深度学习等新兴的机器视觉技术进行障碍物检测识别，并且取得了较好的效果。具体来说，Skocze 等（2021）提出了一种基于 RGB - D 摄像机的农业移动机器人障碍物检测系统。

⑤产中采摘收获定位。蔬菜与其他农产品不同，蔬菜植株和果实非常鲜嫩，在采摘过程中容易遭受损失，由于蔬菜的特殊性，蔬菜采摘非常耗费人力、物力。因此，必须精准检测识别采摘位置，尽可能地避免蔬菜损伤。但是，在实际的蔬菜种植环境中，蔬菜植株之间的遮挡重叠以及不同天气状况下蔬菜植株之间的光照阴影等，都会阻碍蔬菜智能化采摘的正常进行。已有研究采用机器视觉技术对不同种类的蔬菜采摘进行了实验，大多是基于实验室背景的，仅有少数研究人员将模型部署到真实的蔬菜种植环境中。研究中主要采用传统视觉方法以及基于深度学习的 Faster RC-NN、YOLO 等检测模型用于定位蔬菜果实目标，在准确定位基础上，利用机械臂进行精准抓取采摘。

Zhao 等（2016）利用 AdaBoost 分类器和颜色分析法对番茄进行检测，并采用类 Haar 特征进行实验，但其速度较低，无法满足采摘实时性的要求。Yamamoto（2014）提出了基于像素分割和斑点分割的策略对番茄进行检测。利用了决策树和随机森林分类器，召回率和精度分别达到了80％和88％。虽然传统机器学习极大地改善了计算机视觉任务，但是这些方法都是基于人工设计的特征，仍旧存在一些不足：人工设计特征需要耗费大量精力，而且特征抽象程度不高，只能适应某些特定条件下的任务，泛化能力较差；模型并不是基于端到端的学习，导致效率较低。

随着深度学习在计算机视觉挑战上的突破，很多研究者将其应用于蔬菜采摘定位检测任务。INKYU 等（2016）对于 Faster RCNN 进行改进，用于辣椒和甜瓜的采摘实验。Liu 等（2020）提出了一种基于深度卷积网络的番茄检测模型，该模型通过改善特征表示和优化定位边界框提升网络检测性能，与传统方法相比取得了更高的果蔬检测准确率。这些静态场景下果蔬目标识别的方法并不能完全满足采摘机器人在动态场景下的识别与采摘作业，无法达到实时性采摘要求。已有研究大部分在受控的实验室环境下采集数据并构建实验数据集，导致提出的算法在应用于真实复杂的蔬菜种植基地时，算法精度和性能大幅度降低，如何进一步改进算法，以适应复杂的蔬菜种植环境是亟待突破的难题。

（3）蔬菜产后阶段机器视觉关键技术。产后阶段主要指蔬菜产后加工、品质分级、商超分类识别与称重等过程，是蔬菜生产商品转化环节，包括蔬菜品质检测分级、商超分类识别与称重等智能农业领域。

①产后品质检测分级。蔬菜品质智能分级能够有效地替代人工分级过程，提高投入市场的蔬菜品质，保护购买者的合法权益，菜农也可以根据所分级结果对不同等级蔬菜标定不同价格，提高蔬菜买卖的效率。机器视觉技术已经成为蔬菜分级检测的重要基础，深度学习技术为蔬菜图像特征提取和分类建模提供了支持，能够精准检测识别蔬菜的尺寸、形状、颜色、成熟度等特征，并将其用于番茄等蔬菜自动化分级装备中。Zhang 等（2018）从工程角度总结了蔬菜分级系统无损质量检测面临的挑战和解决方案。Zhou 等（2020）将先进的计算机视觉技术与深度学习架构相结合，应用粒子群优化算法（PSOA）和 Otsu 方法对每个西兰花头的质量进行分级，提高了西兰花蔬菜贸易效率。

②商超分类识别与称重。随着智能化生活的日益深入人心，人们对于无人超市的需求日趋强烈，进一步促使超市中蔬菜的分类检测识别和智能称重成为研究热点。当前各超市蔬菜的购买、称量、结算过程中时刻需要人工的参与，给蔬菜市场管理带来了严峻的挑战。蔬菜商超分类识别可以帮助农民、蔬菜商家对蔬菜进行检测，进而完成分类、称量、结算等任务，这能够解放劳动者的双手，给顾客带来良好的购物体验，具有较大的实用价值。Poojary 等（2017）将传统的计算机视觉与深度学习图像识别联合，实现了对蔬菜种类进行在线的识别，识别后能在数据库中调出果蔬的单价，进而在线计算果蔬的价格。

1.2.3.6 全球蔬菜全产业链机器视觉关键技术研究演进分析

为了进行全球蔬菜全产业链机器视觉关键技术相关文献研究演进分析，从而分析相关领域的研究热点随着时间的演进趋势，得到了关键词时序图谱，如图 1-4 所示。

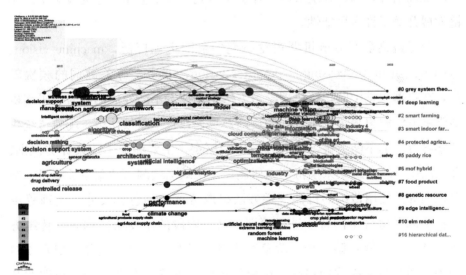

图 1-4　全球蔬菜全产业链机器视觉研究热点关键词时序图谱

通过时间排序，得到全球蔬菜全产业链机器视觉关键技术相关文献研究演进情况分为 3 个阶段。

（1）传统数字图像处理方法阶段（1985—2004）。传统数字图像处理方法是蔬菜全产业链机器视觉研究的根源，technology、fruit、identification、image analysis、extraction、color 等关键词的频次较高。由于该阶段机器视觉技术的发展尚不成熟，因此，研究集中于传统数字图像处理方法在蔬菜全产业链中的理论研究、仿真模拟和初步应用。可检索到的最早的相关文献，是 1985 年美国学者 Sarkar 和 Wolfe 发表在 *Transactions of the ASAE* 上的一篇文章，采用传统的数字图像处理方法提取出不同种类的番茄的大小、纹理、颜色等特征，通过实验证明了将机器视觉应用于番茄分类的可行性。

（2）传统机器学习方法阶段（2005—2011）。在该阶段，机器学习作为人工智能的一个子领域，开始被广泛应用。机器学习对分类和回归问题具有很高的吸引力，提供了数据集的输入（独立）特征和目标（依赖）特征之间的关系，以更好地进行预测。由于机器学习能够提供具有可靠相关性的准确估计，因此在蔬菜全产业链中得到了大量应用，这为蔬菜全产业链发展开辟了许多可能性。

全球蔬菜全产业链机器视觉研究的范围更加广泛，machine vision、system、image processing、computer vision、quality 等关键词的频次较高，在机器视觉中的传统机器学习方法相关技术不断发展的同时，采用机器学习方法解决蔬菜领域的问题逐渐被重视，且不断被认可。随着传统机器学习方法的不断突破，研究领域不断拓宽，主要涵盖了蔬菜种类识别、蔬菜品质分级、蔬菜采摘机器人研制、蔬菜缺陷检测、蔬菜生长测量、杂草识别等。使用传统的机器视觉方法提取蔬菜的颜色、尺寸、纹理等单一特征以及融合不同特征进行识别是这一阶段的主要研究内容。传统方法包括两个步骤：第一步是蔬菜图像特征提取，第二步是分类识别模型训练。通过特征提取使得蔬菜图像的定位更准确，在蔬菜特征提取的基础上，进行模型训练、测试和实验结果分析。这些技术和方法引起了全球农业、计算机科学和电子信息等领域的研究人员的广泛关注，实现了学科交叉融合。传统机器学习方法可以明显降低人工操作带来的主观差异，但特征是手工设计的，因此，识别精度仍然需要进一步刷新和突破。

上述方法已经将机器视觉的早期算法与技术应用于蔬菜产业之中，但是，受到蔬菜图像自身的非结构化特征，这些方法的实际效果欠佳，仍有极大的改进空间。

（3）深度学习方法阶段（2012—2022）。随着智慧农业的发展，对蔬菜全产业链机器视觉应用中的性能和精度带来了更大的挑战。深度学习方法非常先进，能够自动提取蔬菜的特征，从而促进了蔬菜检测识别精度和速度的大幅度提升。因此，以深度学习为支撑的蔬菜产业数字化转型是科技进步的一张新名片，深度学习已经成为蔬菜产业转型和发展的驱动力。由于广大研究人员对深度学习这一研究领域的热切关注，使得这一阶段的发文量非常大。具体可以追溯到 2012 年诞生的 AlexNet 模型，在机器视觉图像挑战赛中横空出世并夺得桂冠。尤其是 2015 年之后发文量激增，这与 2015 年深度学习方法的迅速崛起是密不可分的。

全球蔬菜全产业链机器视觉研究迅速发展，涌现出 intelligent agriculture、computer vision、deep learning、classification、object detection、segmentation 等与时代发展脉搏密切联系的崭新的关键词。该阶段由于伴随新一代信息技术的发展，蔬菜产业也面临重大的机遇，研究集中于蔬菜产业与机器视觉领域，包括深度学习、卷积神经网络、循环神经网络等新技术的结合。该阶段发文量激增，尤其是 2019 年以后取得了发文量的重大突破，年发文量超过 200 篇，研究内容涵盖了蔬菜产前、产中和产后全产业链的机器视觉关键技术，特别是在种子筛选检测、病虫害检测、蔬菜品质检测分级、杂草检测、农业障碍物检测等智能农业领域。例如，在产前种子筛选检测领域，Przybyło 和 Jabłoński（2019）设计了橡木种子活力检测识别算法，精度高达 85%，相比于育种领域专业人员的肉眼筛查结果还要更高。在产中病虫害诊断识别领域，Ferentinos 等（2018）利用公开数据集进行蔬菜病虫害分类实验，精度达到 99% 以上。在产后蔬菜品质分级检测领域，CAVALLO 等（2018）设计的模型能够精准分类生菜的不同等级，为后续的分类包装销售提供了基础。

1.2.4 全球蔬菜全产业链机器视觉关键技术研究趋势分析

运行 CiteSpace，得到全球蔬菜全产业链机器视觉关键技术研究中的关键词突现历史，共有 39 个突现关键词，其中前 25 名如图 1-5 所示。

Keywords	Year	Strength	Begin	End	1985—2022
cell wall	1985	7.64	1991	2002	
tissue	1985	7.4	1991	2015	
polysaccharide	1985	5	1991	2002	
structural feature	1985	9.98	1992	2009	
machine vision	1985	10.5	1995	2012	
image analysis	1985	15.72	2003	2014	
reflectance	1985	4.25	2004	2014	
inspection	1985	9.09	2006	2018	
kinetics	1985	5.52	2007	2017	
vegetable	1985	8.98	2008	2017	
liquid chromatography	1985	5.01	2008	2016	
discrimination	1985	4.48	2008	2012	
quality evaluation	1985	6.97	2009	2017	
hyperspectral imaging	1985	7.31	2010	2017	
potato	1985	5.2	2012	2016	
quantification	1985	5.2	2012	2016	
physicochemical property	1985	4.36	2016	2019	
artificial neural network	1985	4.53	2018	2019	
convolutional neural network	1985	8.83	2019	2022	
image	1985	5.2	2019	2020	
deep learning	1985	36.81	2020	2022	
precision agriculture	1985	7.5	2020	2022	
object detection	1985	5.44	2020	2022	
machine	1985	5.24	2020	2022	
image classification	1985	5.18	2020	2022	

图 1-5 全球蔬菜全产业链机器视觉关键词突现情况

能够发现，全球蔬菜全产业链机器视觉关键技术研究突现词集中在 2018 年以后，突现词包括 artificial neural network、convolutional neural network、image、deep learning、precision agriculture、object detection、machine、image classification，这必将是未来几年全球蔬菜全产业链机器视觉关键技术研究领域持续关注的重点，还需借助人工智能时代的新技术，结合智慧农业的发展，不断开拓新的研究方向，加强跨学科的交叉研究。

1.2.5 全球蔬菜全产业链机器视觉关键技术研究述评

通过 CiteSpace 软件，基于美国科学情报研究所创建的 Web of Science 数据库（1985—2022）中全球蔬菜全产业链机器视觉关键技术研究相关文献的可视化分析，得到以下结论：

（1）从时间上看，全球蔬菜全产业链机器视觉关键技术研究具有非常重要的意义，最早始于 1985 年，但是研究在 2012 年以后开始集中涌现，在 2019 年以后研究成果数量不断攀升。伴随着以人工智能为代表的新一代信息技术的发展，全球蔬菜全产业链机器视觉关键技术研究发文数量激增，研究群体不断涌出，这体现出技术驱动是全球蔬菜全产业链机器视觉关键技术研究的关键驱动因素。在人工智能新技术快速迭代革新的形势下，全球蔬菜全产业链机器视觉关键技术研究亟待与新技术更加深入地交叉融合，未来需要更多研究者共同推动相关研究的更新升级。

（2）从空间上看，参与全球蔬菜全产业链机器视觉关键技术研究的机构数量庞大，研究人员队伍日益壮大，但是，没有形成具备凝聚力的研究团体，缺乏具备影响力的核心作者，不同的研究机构之间缺乏合作，各自为政。未来必须进一步加强政策引导，建立保障机制，推动不同机构不同研究人员之间的交叉合作研究，提高研究机构和研究人员对于全球蔬菜全产业链机器视觉关键技术研究领域的关注度，产生有影响力的成果，推动全球蔬菜全产业链机器视觉关键技术研究领域的良性循环。

（3）从研究热点上看，全球蔬菜全产业链机器视觉关键技术研究热点涵盖了产前、产中和产后各阶段，研究者更加关注产中生长参数无损监测与估产、病虫草害检测、农业机器人视觉定位测量、农业障碍物检测、产中采摘收获定位等智能农业领域。未来需要将关注点覆盖到全球蔬菜全产业链机器视觉关键技术研究中的各个层面，覆盖到蔬菜全产业链，以新兴技术助推蔬菜产业发展。

（4）从研究趋势上看，人工神经网络、卷积神经网络、图像、深度学习、精准农业、目标检测、图像分类等是智慧农业研究领域的突变关键词，这必将是未来几年持续关注的重点领域，未来需要更加深入研究如何与新兴技术发展融合以促进蔬菜全产业链智慧化发展。

总体来说，全球蔬菜全产业链机器视觉关键技术研究的真正迅速发展始于 2019 年，是一门新兴的学科，当然还处于快速发展阶段。深度学习可以对蔬菜全产业链数据的分析做出决定性贡献，在这种情况下，通过使用机器视觉能够自动分析和理解蔬菜全产业链，这为开发智能系统提供了依据。然而，深度学习算法在蔬菜全产业链中的应用仍然面临许多挑战。同时，相对于新一代信息技术的快速更新换代来说，当前该领域的相关理论成果和实践探索都显得不足，尤其是与人工智能新技术结合的相关成果很多都是一种设想，仅仅停留在学术研究层面，尚未产生具体的应用成果和经济社会效益。本研究在进行全球蔬菜全产业链机器视觉关键技术研究热点和发展趋势分析的过程中，发现一些值得进一步深思的问题：新一代信息技术飞速发展的新形势下全球蔬菜全产业链的智慧化如何真正应用实施；如何构建一个融通共享、多元互动的智慧化的蔬菜全产业链平台；如何真正实现人工智能新技术与蔬菜全产业链的交叉融合；如何利用各种新技术实现产前智能监测土壤温湿度、产中智能农事管理、产后智能采摘分拣运输，让蔬菜从田间地头到居民餐桌全流程都能够达到智能化管理；如何采集分析蔬菜产业涉及的海量信息，挖掘潜在的有用知识用于决策改进。

全球蔬菜全产业链机器视觉关键技术研究已经逐渐引起众多机构、众多研究人员的关注，全球蔬菜全产业链机器视觉关键技术研究为现代农业的发展带来了巨大的革新，然而，相关应用依然浮于表面。相关应用离不开软硬件资源、政策、产业、环境等的同步革新，需要各国各研究机构研究者增进合作，共同攻关，采用最新的技术方法促进全球蔬菜全产业链机器视觉关键技术领域的逐步深入。

1.3 研究目的与内容

1.3.1 研究目的

本专著旨在进行蔬菜全产业链机器视觉关键技术研究，解决已有研究中蔬菜数据不足及检测效果不佳这两个难题，提出适合实际种植环境下的蔬菜全产业链机器视觉关键技术研究的新方法和新理论，将对蔬菜全产业链机器视觉图像识别和蔬菜信息处理提供理论参考和技术支撑，为更多的机器视觉问题提供更具普适性的核心算法与技术。

在科学意义上，本专著聚焦蔬菜全产业链机器视觉关键技术理论与算法研究，解决将机器视觉技术用于蔬菜全产业链的若干关键科学问题，有助于完善机器视觉技术研究体系，为蔬菜全产业链领域机器视觉研究与应用提供理论基础和技术方法，具有重要的学术价值。

在应用前景上，研究成果能够为实际种植环境下蔬菜全产业链的机器视觉技术应用发挥重要作用，有利于实现蔬菜产前、产中、产后全产业链的智能化，精准指导农事操作，提高蔬菜全产业链生产效率，为蔬菜全产业链智能化发展提供技术支撑，还可为蔬菜全产业链检测识别方法在智慧农业领域的推广应用做好理论准备和实验验证工作，具有广阔的应用前景。

1.3.2 研究内容

本专著结合著作人前期研究成果以及所在单位地处中国蔬菜之乡的地域优势，旨在根据对当前蔬菜产业的发展现状分析，从全产业链角度（产前、产中、产后）出发，利用先进的机器视觉和深度学习算法，开展蔬菜全产业链机器视觉关键技术研究，提出蔬菜全产业链中机器自主实时检测的技术与方法，以期能够提升蔬菜产业的科技含量，实现科技赋能蔬菜产业高质量发展。

2 机器视觉及其相关技术与蔬菜全产业链转型

本部分将深入阐释机器视觉及其相关技术与蔬菜全产业链转型。机器视觉技术已经广泛应用于蔬菜生产的各个环节，对其概念原理进行详细阐述。考虑到图像识别技术在蔬菜全产业链中应用最为广泛，因此，分别对传统图像识别技术、深度神经网络技术、基于卷积神经网络的图像识别技术进行讨论，着重对神经网络原理，以及基于深度卷积神经网络的图像识别模型进行分析，为后续章节奠定理论基础。

2.1 机器视觉的概念

机器视觉是利用机器发挥出人类肉眼的作用，执行人类肉眼的观察行为。机器视觉是一个涵盖了电子信息科学与技术、计算机应用技术、图像处理技术等多门学科的跨学科领域。自从机器视觉诞生以来，就引起了广大研究人员的重视。机器视觉是一门发展理论基础和算法的科学，用于自动提取和分析关于观察到的对象或对象集的有用信息，具有快速、一致、客观、无创和廉价的优点。近年来，机器视觉已被用于客观测量不同物体属性。尤其是在机器视觉涉及的相关软硬件设施和算法模型不断更新迭代的新形势下，机器视觉已经接近人类肉眼的观察，甚至在某些场景下已经远超人类肉眼的观察，促使各行各业积极运用机器视觉进行产业转型升级，蔬菜全产业链领域也不例外。

机器视觉系统借助于摄像机来仿真人类肉眼的观察行为，实现图像采集、检测、识别、分析等操作。在具体操作流程中，机器视觉系统利用专业的摄像机对于"观察"到的物体的信息进行采集，将其转化成图像信号，并将该图像信号向图像识别模块进行传输，进一步转化成数字信号，采用各种计算得到物体的形状、纹理、尺寸等信息并进行输出。由此可见，机器视觉在具体操作过程中实现了摄像机的拍摄对于人类肉眼的观察取代，以及计算机的计算分析对于人类大脑的思考判断取代。

机器视觉系统具有非接触性、低成本、高精度、高柔性和高速度作业等特点，能够很大程度上提高生产效率和生产自动化程度，机器视觉技术是生产过程自动化和智能化的发展趋势。在一些作业环境比较艰难的地方，采用机器代替人工作业可以减少人员安全事故的发生，这些工作正在越来越多地被机器视觉系统所取代。目前，机器视觉已经成为一门发展迅速的新兴学科，在现代的加工生产以及其他各行各业中，机器视觉系统的应用越来越广泛，机器视觉技术在未来也具有较广阔的发展空间。

2.2　机器视觉的组成部分

由于形状、质地和颜色的巨大多样性，视觉检测识别系统的成功在很大程度上取决于机器视觉系统的硬件配置。机器视觉系统由软硬件组成（图 2-1），包括照明设备、相机、图像处理软件、图像采集单元、传送设备、上位机软件、数据处理软件、数据库、动作执行单元等。机器视觉系统的软硬件配置相对标准，另外还包括一些辅助设备等。通常，机器视觉系统中的照明设备用于照明被测样品，相机用于获取图像。数据处理软件、图像处理软件和图像处理器用于执行模数转换，将扫描线转换为 N 行 M 列数字化的图像元素，输入到个人计算机或微处理器系统，实现可视化图像分析。

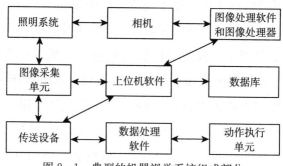

图 2-1 典型的机器视觉系统组成部分

2.2.1 照明系统

照明系统可以以特定的方式创建和配置，研究人员必须根据特定应用和待检查对象的几何形状来决定如何设计和随后建造照明系统。正常工作的照明系统必须能够实现稳定照明，不能产生光线不均匀的情况，尽可能在光谱上均匀且随时间稳定。如果场景没有正确照明，将增加不确定性和分类误差，导致需要对图像进行预处理，从而增加分析每个图像所需的时间。由于某些区域可能比其他区域接收更多的光，从而改变了从这些区域的物体反射的辐射总量，因此光源的布置显著影响了所获取的图像。可以通过使用已知反射率的白板（参考白色）校准图像来校正不均匀的照明，但这种校正消耗了一些计算资源。此外，考虑被检查对象的几何形状是非常重要的。如果物体大致是球形的，那么使用半球形漫射器设备更方便，以便对其进行均匀照明。基于发光二极管（LED）的照明系统的使用变得越来越频繁和经济。它们通常功耗低，坚固耐用，产生的热量很少，但另一方面，它们是定向的，光输出仍然非常有限。

2.2.2 相机

相机是一种商业设备，是获取图像的设备，并将从场景接收到的光转换为电子信号。最流行的工业相机是基于电荷耦合元件（CCD）的，它由一系列传感器（像素）组成，每个传感器由一个光电管和一个电容器组成。电容器获取的电荷取决于光电管接收的光量。这些电荷被转换成电压，然后被转换成视频信号。一些相机是基于线性 CCD，由一维传感器阵列组成，可以获取场景的窄条。这些被称为线性扫描相机的相机适用于物体在相机下方移动或相机在物体上方移动的应用，从而逐行逐渐获取其表面的完整图像。矩阵相机是商业应用中最常用的相机。这些是在二维矩阵中使用 CCD 拍摄的场景。彩色相机可以用一个 CCD 构建，由对红、绿、蓝（RGB）主波段敏感的像素组成，但也可以用三个 CCD 构建更复杂、高质量的相机。在这些相机中，光线通过主镜头被分成三束光束，这三束光束创建场景的三个副本，一个来自红色滤镜，另一个来自绿色滤镜，第三个来自蓝色滤镜。在每个滤波器之后都有一个单色 CCD 传感器，因此每个传感器都获得一个单一的 RGB 信号。最新的相机是基于互补金属氧化物半导体（CMOS）系统。与半导体的集成提高了传感器的密度，从而实现了技术的快速发展。这些传感器具有较低的功耗和较低的制造成本，并且目前正在网络摄像头和移动设备中广泛实现。

2.2.3 图像处理软件

模仿人脑的图像处理软件是计算机视觉系统的另一个关键组成部分。图像处理软件对图像进行处理和分析，给出物体的最终检测信息，并最终控制整个检测系统完成检测识别任务。

图像处理是指对原始图像进行处理。捕获或拍摄的图像被传输到计算机上，并被转换为数字图像。数字图像作为图片显示在屏幕上，是计算机可以读取的数字，并被转换为代表真实物体的小点或图像元素。在某些情况下，通过抑制被称为"噪声"的不希望的失真或通过增强感兴趣的重要特征来进行预处理以提高图像质量。

像素是图形图像中的单点图像元素。然而，数字图像本质上是离散的，并且有一些点无法进一步放大。这一点被称为数字图像的像素。图形监视器通过分割显示图片。显示屏分成数千（或数百万）个像素，按行和列排列。像素离得如此之近，以至于它们看起来是相连的。用于表示每个像素的位数决定了可以显示多少种颜色或灰度。例如，在 8 位彩色模式，彩色监视器为每个像素使用 8 位，可以显示 2^8（256）的不同颜色或灰度。在彩色显示器上，每个像素实际上由三个点组成，一个红点、一个蓝点和一个绿点。理想情况下，三个点都应该收敛在同一点，但所有显示器都有一些收敛误差，这会使彩色像素看起来模糊。显示系统的质量在很大程度上取决于其分辨率、可以显示多少像素以及使用多少位来表示每个像素。

数字图像是二维图像的数字表示（通常是二进制的）。根据图像分辨率是否固定，它可以分为矢量类型和光栅类型。数字图像是从照片、手稿、印刷文本和艺术作品等文档中拍摄或扫描的场景电子快照。图像采集是将传感设备的电子信号转换为数字形式。图像预处理是指对原始图像数据进行初始处理，以校正几何失真、去除噪声、灰度级校正和模糊校正。

机器视觉系统中的图像处理包括三个步骤：图像增强、图像特征提取和图像特征分类。图像增强通常应用于校正诸如对比度差或噪声之类的问题。图像增强过程，如形态学操作、滤波器和像素到像素操作，通常用于校正由不充分或不均匀照明引起的采集图像中的不一致部分。从基本的图像统计（如均值、标准差和方差）到更复杂的测量（如主成分分析）的统计过程可以用于从数字图像中提取特征。一旦识别出图像特征，下一步就是特征分类。神经网络和模糊推理系统等数值技术已成功应用于图像特征分类。

2.3 机器视觉的工作原理和技术优势

2.3.1 机器视觉的工作原理

机器视觉的工作原理如图 2-2 所示。

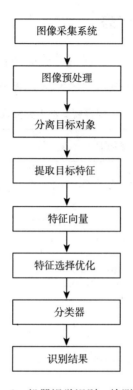

图 2-2　机器视觉识别、检测过程

（1）图像采集系统。执行图像采集操作。

（2）图像预处理。通过删除质量不好的图像以及通过亮度和对比度调整、旋转、翻转、平移等操作，对图像进行预处理。

（3）分离目标对象。采用特定的算法对采集到的图像进行进一步的处理，从中找出目标对象。

（4）提取特征向量。对于目标对象的各种特征进行提取，形成特征向量。

（5）特征选择优化。对上一步的结果进行选择和优化。

（6）分类器。采用特定的分类器进行机器视觉训练，实现目标分类识别。

（7）识别结果。将分类器计算得到的目标分类识别结果进行输出。

2.3.2 机器视觉的技术优势

相对于人类的肉眼来说，机器视觉能够坚持长时间持续工作，具备非常高的观测精度。机器视觉与人类肉眼对比见表2-1。

表2-1 机器视觉与人类肉眼对比

类别	人类肉眼	机器视觉
精度	低，仅能看到一定尺寸内的物体，太小的物体看不到	高，可以检测识别不同尺度的目标，包括弱小目标
速度	慢，很难认出运动中的物体，尤其是快速运动的物体根本看不清楚	快，能够跟踪快速运动的物体
适应性	差，恶劣复杂的工作环境会伤害人类肉眼，不能适应恶劣复杂的工作环境	好，能够适应恶劣复杂的工作环境
客观性	低，观察到的物体存在人的主观因素	高，能够精准度量检测识别到的物体的尺寸、位置等信息
持续性	弱，持续观看会变得疲惫，导致观看效果差	强，能够不间断连续执行检测识别等操作
可靠性	低，经常受到人的主观能动性的制约	高，用数据说话，数据证明一切
效率	低，不能快速精准观察复杂背景下的物体	高，能精准实时检测识别复杂背景下的物体

根据表2-1可知，机器视觉已经能够代替人类肉眼进行检测识别和判断，尤其是在重复性工作条件或者危险工作环境、有害污染环境下，相对于人类肉眼拥有无可比拟的优势，能够实现工作效率、智能化程度的大幅提升。

2.4 机器视觉的技术瓶颈

虽然机器视觉相对于人类肉眼拥有无可比拟的优势，但是，机器视觉的各个方面性能能否达到最优与计算机软硬件的性能、计算模型的复杂度等存在着密不可分的联系。另外，机器视觉在不同行业不同领域的需求不同，对于所有领域通用的机器视觉系统很难设计出来。因此，需要分别开发出各种适用于不同领域的不同目标的机器视觉系统，从而导致机器视觉研发成本过高。

对于蔬菜全产业链场景来说，视觉系统在稳定性、可靠性、精确度、实时性等层面仍然亟待改进，具体体现在如下 3 个方面：①怎样实时、精准地检测识别出蔬菜目标；②怎样扩充存储空间，从而存储复杂背景下形态各异的蔬菜目标图像；③怎样构建出可靠的检测识别模型，并部署到复杂的蔬菜种植环境中。

2.4.1 机器视觉的检测识别性能亟待改进

相对于实验室受控环境来说，真实的蔬菜种植场景存在光照阴影、植株遮挡、土壤凹凸不平等各种不可控问题，这些问题都会影响机器视觉的检测识别性能。为了保障机器视觉能够取得有效的工作效果，一般对精准性和实时性存在较高的要求。但是，现有的机器视觉装备的数据采集、传输和处理需要耗费一定的时间，同时由于复杂模型的时间复杂性和空间复杂性都特别高，进一步导致机器视觉计算时间延长。因此，现有的机器视觉技术和算法仍然不能适应真实的蔬菜种植环境。

2.4.2 机器视觉的硬件存储能力亟待提升

现有的机器视觉硬件存储能力仍然亟待提升，相应的硬件条件需要改善。尽管当前机器视觉硬件设施已经取得了较大突破，然而，硬件性能还需改善。机器视觉的硬件与材料、半导体、集成电路、传感器等存在着密不可分的联系，仍然需要不断升级硬件水平。

2.4.3 机器视觉的算法模型亟待优化

虽然当前深度学习技术的广泛应用促进了机器视觉算法模型性能的

提升，现有的算法模型在实验室环境下已经取得优异效果，但是，在真实的蔬菜种植环境下，深度学习算法模型疲于应对，尤其是蔬菜全产业链涉及的数据量较大，数据标注困难，更对算法模型的优化带来了挑战。

2.5　传统图像识别技术概述

2.5.1　图像识别技术的产生

机器视觉中广泛使用了图像识别技术。图像的形状、尺寸等是重要的视觉质量参数，需要计算机进行量化或定义，这就产生了图像识别，要求能够根据图像的各种参数对图像进行分类。

20世纪80年代，神经网络开始逐渐流行，同时研究人员意识到需要构建更加有效的识别算法，来取代传统图像识别模型依靠行业专家和算法专家手工设计规则的方法。研究人员希望只要将大量图像样本输入给模型，然后经过机器学习算法一段时间的训练，所得到的规则能比人类手工设计的分类规则更好。

2.5.2　传统图像识别技术

传统的特征描述方法可以分为纹理特征（local binary patterns，LBP；speeded up robust features，SUFR；scale - invariant feaTures，SIFT）、形状特征（histogram of oriented gradient，HOG）、词袋模型、稀疏编码、局部编码、fisher vectors 及颜色特征（如颜色直方图）等。这些特征提取器（feature extractors）从图像上提取特征，然后用一组数字或者符号来表示图像中被描述物体的某些特性，最后借助于其他机器学习方法对这些特征进行识别。经典的识别方法（分类器）有决策树、支持向量机（support - vector machines，SVM）、AdaBoost、朴素贝叶斯，以及一些启发式算法。下面对一些经典算法的原理进行探讨。

（1）图像的常见变换有旋转、缩放、平移等，SIFT 算法的操作过程如下：

①尺度空间极值检测。搜索所有尺度空间上的图像，使用高斯差分函数来识别潜在的对于尺度和旋转不变的兴趣点。

②关键点定位。在每个候选的位置上，根据兴趣点的稳定程度选择关键点。

③方向确定。基于图像局部的梯度方向，分配给每个关键点位置一个或多个方向。之后对图像数据的所有操作都相对于关键点的方向、尺度和位置进行变换，从而提供对于这些变换的不变性，如图 2-3 所示，SIFT 算法在"STOP"指示牌旋转变换后提取关键点特征。

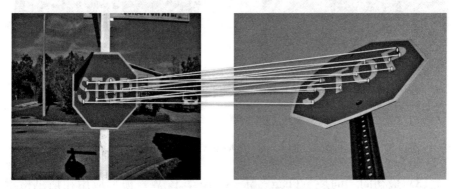

图 2-3 SIFT 寻找关键点

④关键点描述。在每个特征点周围的邻域内，在选定的尺度上测量图像局部的梯度。这些梯度被变换成一种允许较大局部形状变形和光照变化的有效表示。

（2）梯度方向直方图（histogram of oriented gradient，HOG）。假设在一幅图像中，局部目标的外观和形状通常可以通过局部强度梯度或边缘方向的分布来很好地表征。具体地，HOG 通过计算和统计图像局部区域的梯度方向直方图来构造图像特征。算法首先将图像转成灰度图，基于Gamma 公式压缩并归一化颜色空间，来计算每个像素横坐标和纵坐标的梯度，从而获得对象的轮廓信息。然后，将图像划分成小单元（cell），将梯度方向映射到180°内，并统计每个单元的梯度直方图。HOG将梯度幅值作为权重进行投影，梯度方向决定向哪一维进行投影。最后，将几个单元组成一个块（block），计算此块的HOG特征描述因子，再将所有HOG特征拼接，获得整个图像的HOG特征。HOG基于本地像素块进行特征直方图提取，对对象局部的变形与光照影响有很好的健壮性。其示意如图2-4所示。

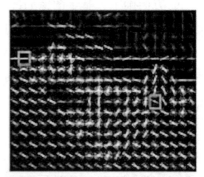

将图像划分为8×8像素区域,在每个区域将边缘方向量化为9个特征。

例如，一个320×240图像分为40×30区域；在每个区域有9个数字，因此特征向量有30×40×9=10 800个数字。

图2-4　HOG算法示意图

（3）最初的"词袋"（bag-of-words，BoW）模型应用在信息检索中，词袋首先忽略文档中的词序、语法对文档语义的影响，使用分词算法将其制作成一个词向量的集合。集合中每个词向量的出现都是独立的，并且概率相等，研究人员将这个词向量集合称为"词袋"。类似地，一张图像可以比作一个文档，图像中的"词"可以用一个图像块的特征向量表示。因此，图像的BoW模型相当于"图像中所有图像块的特征向量组成的直方图"，方法如下：

①图像特征提取。假设数据集中由N张图像组成，第i个样本由$n(i)$个图像块（image patch）构成［也可能随机抽取，如图2-5（a）所示］，这$n(i)$个图像块代表不同特征向量，因此共有$D = sum(n(i))$个特征空间（词袋大小）。现实中，可以使用SIFT或HOG等算法从

图像块中获得特征向量，通常，每一个图像块提取 128 维的特征向量。

②构造码本（词袋）。假设词袋的大小为 D，即由 D 个特征向量组成。词袋使用 K -均值聚类算法对所有的特征向量进行聚类（每个特征向量有 128 维），使簇内的特征向量具有较高的相似性，而簇间的特征向量具有较低相似性，设 $k=D$ 为 K -均值的质心数，当模型收敛时，便得到每一个聚类的质心，这里 D 个质心代表词袋里的 D 个词向量，至此词袋码本构建完成，结果如图 2-5 （b）所示。

③根据码本生成直方图。对于每一个图片样本，使用 K -均值算法计算该样本的每个特征块应该属于聚类中的哪一个质心，每个特征点都可以用单词表中的特征近似地代替，最后，统计特征表中每个特征在图像中出现的次数，从而得到该样本对应于该码本的 BoW 表示，如图 2-5 （c）所示。词袋模型的特征向量构建完成，可以给辨别模型用于对图像进行分类、预测等。

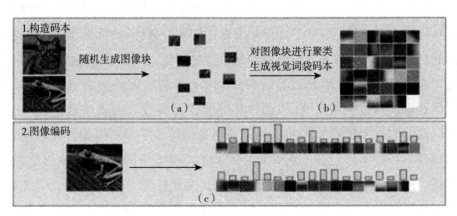

图 2-5 词袋算法示意

卷积神经网络作为当前最流行的端到端图像识别模型，它通常使用多个卷积层和池化层作为特征提取器。这些卷积层和池化层能保证一定程度的平移和旋转的不变性，如 SPP -NET 通过多尺度池化来提升尺度不变性。卷积神经网络增强特征不变性的另一种手段是使用数据集增大

（data augmentation）技术。通过使用旋转、缩放、随机裁剪（clipping）和变形（warping）操作，能进一步增强模型的特征不变性和泛化能力。图 2-6 说明基于深度学习的端到端的识别模型，与传统图像识别模型在特征提取上的区别是最为显著的区别。

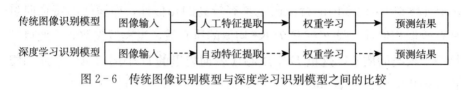

图 2-6　传统图像识别模型与深度学习识别模型之间的比较

2.6　基于深度学习的图像分类技术

2.6.1　深度学习的理论

深度学习（deep learning，DL）的概念源于 2006 年 Hinton 等在 *science* 上发表的论文。其数据特征由多个隐含层进行提取，每个隐含层都可以看作一个感知器，感知器用于抽取低层特征，再将低层特征组合得到抽象的高层特征，可以显著缓解局部最小值的问题。深度学习是机器学习子类，需要具有更好的性能计算的平台，因为算法需要更多的资源并使用大量数据。通过使用 GPU 和云等高性能计算资源，可以快速地解决复杂问题。它使用图形技术和神经元变化来创建多层学习模型。许多最新的深度学习技术已经被实现并证明可以在各种应用中产生有效的结果，包括自然语言处理（NLP）、情绪分析、视觉处理、图像处理、语音识别、自动驾驶汽车、推荐系统、语音人工智能和音频处理，取得了许多成功的应用。

传统的人工设计特征的图像分类识别方法只能够提取底层的特征，但对于更加有用的深层信息却无能为力。而深度学习方法能够解决这一瓶颈，可以学习到多层次的图像特征信息。传统的蔬菜病虫害图像识别算法主要采取人工设计特征的图像识别方法，这种方法比较困难且又取决于经验和运气，不能让算法自动地从原始图像中进行图像特征的学习和提取。深度学习具备良好的自主学习能力和特征表达能力，能够自动地进行图像特征提取，以此来进行图像分类识别，因此，深度学习在农作物病虫害图像识别领域能够发挥出巨大作用。近年来最流行的深度学习框架当属深度卷积神经网络。

深度学习模型最重要的挑战是过拟合、更长的训练时间以及消失和爆炸的梯度。过拟合问题可以通过扩展网络容量和训练来解决。然而，准确性可能因此而受到影响，可以使用诸如数据增强、正则化和丢弃之类的技术来减轻精度损失。通过包含批量归一化、丢弃和维度，可以最大限度地减少训练时间。梯度的消失和爆炸问题将导致反向传播过程中权重上升的大量变化，并且不会达到全局最小值的输出。这可以通过使用正确的初始重量等方法来克服。模型的性能在很大程度上取决于使用的数据量，使用的数据越多，模型的性能越好，蔬菜领域仍然存在数据短缺的问题。有两种策略可以解决数据缺乏的问题，例如应用迁移学习和数据扩充技术。当环境发生变化时，可编程性至关重要，因为处理器必须处理具有各种参数的许多网络，如层数、内核和信道。可编程性将导致计算、存储需求和数据传输的增加。为了减少计算、数据移动和存储需求，深度学习算法应该朝着硬件友好的方向进行修改和改进。

2.6.2 卷积神经网络的起源和发展

近年来，基于深度神经网络的方法广受欢迎，典型代表就是卷积神经网络（convolutional neural networks，CNN）。CNN 的设计理念最初起源于 1962 年 Hubel 和 Wiesel 对动物的神经网络的研究。20 世纪 80 年代，Fukushima 等率先提出了神经感知机（neocognitron），如图 2 - 7 所示。这是 CNN 的首次实现，被认为是当今 CNN 的前身，它由卷积神经元和采样神经元构成，通过前者进行局部特征提取，通过后者进行抽象和容错，以保证所提取的特征的健壮性，这两个单元分别与当今 CNN 的卷积层和汇合层相对应。神经感知机将一个视觉模式划分为多个子模式，这些子模式的特征处理工作采用逐层阶梯式相连的特征平面来执行，通过这种方式，能够取得较好的自动识别效果。1990 年，Le Cun 等利用梯度寻优算法训练 CNN，达到准确识别美元金额和邮政编码等数字手写体的效果，受到美国的金融、邮政领域的工作人员的欢迎。1998 年，Le Cun 等提出了 LeNet，如图 2 - 8 所示。LeNet 是最早的 CNN 架构，该结构由三个卷积层和两个完全连接的层组成，包含五个具有可学习参数的层，并组合和平均池化以及三组卷积层。在卷积和池化过程之后，有两个完全连接的层。最后，softmax 分类器将图像分类到适当的类别中。

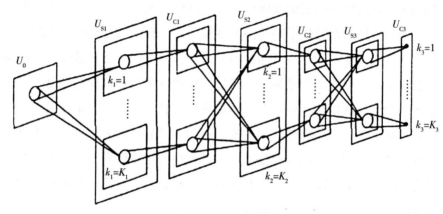

图 2 - 7　Fukushima 等率先提出的神经感知机模型

近年来，在前人的研究基础上不断深入探索和改进，产生了许多设计独特、性能超高的新型 CNN 模型。2012 年，Krizhevsky 等在 14 年前的 LeNet 模型的基础上首次使用 CNN 方法训练了 AlexNet 模型，如图 2 - 9 所示，在 ImageNet 数据集大规模识别挑战赛中赢得了比赛。所提出的体系结构通过利用卷积层、最大池化层、数据扩充、丢弃、整流线性单元（ReLU，rectified Linear Units）激活，将误差从 26% 降到 15.3%。2012 年的 AlexNet 架构取得成功后，CNN 受到了巨大的关注，这一成就成为其他 CNN 架构的开端。

2013 年，Zeiler 等通过反卷积技术实现了 ZFNet 模型，利用 SoftMax

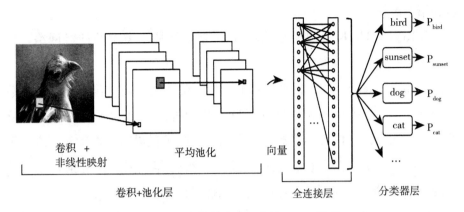

图 2-8 Le Cun 等率先提出的 LeNet 模型

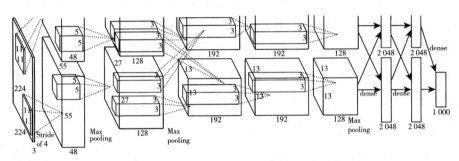

图 2-9 Krizhevsky 等率先提出的 AlexNet 模型

分类器重新训练，对 Caltech256 数据集进行了图像分割，打破了当时最新结果。

2014 年，Simonyan 和 Zisserman 通过改变内核滤波器的大小来改进 AlexNet，首次提出了 VGG 架构。VGG 的生成旨在提高训练时间，减少参数数量。它已被应用于各种图像分类任务，并在 1 000 多个类别的 1 400 多万张图像上进行了训练，继承了 AlexNet 的 ReLU 传统。VGG-Net 有许多变体，包括 VGG-16、VGG-19 等。与 AlexNet 相比，VGG-16 具有更深的网络和统一的结构，由 16 个可训练层组成，其中包括 13 个卷积层和 3 个完全连接层。同年，诞生了 Google LeNet，是基于 Inception 的架构，是由谷歌的研究人员提出的，它在识别方面具有卓越的性能。GoogleLeNet 和 VGGNet 分别在大规模视觉识别挑战赛中夺得第一名和第二名。

2015年，He K等提出了 ResNet，是一种特定类型的神经网络，在大规模视觉识别挑战赛中以 3.5% 的错误率获得第一名。

2016年，基于 CNN 模型将策略网络、估值网络和快速走子三者在蒙特卡洛搜索树框架下进行训练并开发了智能机器人 Alpha Go，使用深度卷积神经网络评估位置和选择移动方向，打败了世界冠军李世石，成为第一个在围棋比赛中击败世界冠军的项目。2017年，采用深度强化学习算法的 Alpha Go 2.0 再次成功打败世界围棋第一人。

DenseNet 指的是 Huang 等人引入的密集连接卷积网络，它有一种有趣的连接模式，其中每一层都连接到密集块内的其他层。所有先前的图层都用作输入，其自身的特征图也用作所有后续图层的输入。这意味着所有图层都可以访问要素地图。DenseNet 可以缓解消失梯度问题，促进特征重用，加强特征传播，显著减少参数数量。DenseNet 的局限性在于内存消耗大。因此，Huang 等人建议 CondenseNet 通过在训练时学习卷积运算组和修剪来减少内存并提高速度。

比照图 2-7、图 2-8、图 2-9 可以看出，其基本结构都是类似的，CNN 的基本结构也是由此得到的。CNN 是深度学习领域广受欢迎的模型，究其原因，在于如图 2-10 所示的 CNN 的基本结构特点所带来的巨大的模型容量和蕴含的复杂信息，使得 CNN 在图像分类识别中能够发挥优势。与此同时，CNN 在计算机视觉任务上的步步成功，助推了深度学习的日趋火热。

深度卷积神经网络从 2012 年的一鸣惊人，随着近年来各种计算机硬件设备（尤其是 GPU）的发展日新月异，不断推动着 CNN 领域的创新发展。目前，经典的卷积神经网络模型结构正在变得更加复杂，表达能力变得更加强大，能够在大规模数据集的分类识别中表现优异。CNN 不再是躺在实验室里的研究，而是真正成为能够落地实施的技术，如今 CNN 已经发展为人工智能领域一个大有可观的主宰性顶级技术。

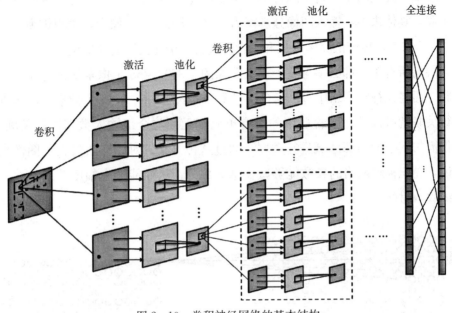

图 2-10 卷积神经网络的基本结构

2.6.3 卷积神经网络的特点

卷积神经网络备受研究人员喜爱，自其产生以来，获得了非常广泛的应用。究其原因，是由于其具备下面的 3 个特点：

（1）层内：采用卷积核实现局部感知功能。

局部感知，即每个输出只和局部输入相关联。与局部感知相关的一个概念就是感受野（receptive field），即 CNN 每一层输出的特征图上的像素点在输入图像中映射的区域大小，也就是特征图上的一个点对应输入图像中的区域。卷积核是一个小的方块形参数块，它除了可以体现出输入图像的空间结构之外，而且也可以保证隐含层的每个单元与前一个网络的局部感受域进行直接关联，而无须关联输入图像这一整体，从而通过局部连接达到局部感知，其示意和原理分别如图 2-11 和图 2-12 所示。在图 2-12 中，左边为全连接网络，右边为局部连接网络，可以看出，在全连接网络结构中，每个隐含层神经元都必须和整个输入图像的所有像素值完全关联，而卷积神经网络中的每个隐含层仅需要与输入层中的 5×5 个像素区域进行关联。具体来说，输入图像分辨率为 1 360 像素×768 像素，卷积核为 5 像素×5 像素，传统的将输入层和隐含层进行"全连接"的神经网络中对于隐含层的所有单元都必须与整个输入图像的 1 360×768 个像素值进行完全关联，而卷积神经网络中每个隐含层只要和输入层中的 5×5 个像素的区域进行关联就可以了。隐含层中的所有单元都无须与全部输入数据进行关联，仅需与其中的局部区域进行关联。通过这种方式，对于输入较大的图像来说，卷积神经网络的参数能够减少绝大部分，从而能够大幅度节约参数训练收敛时间。

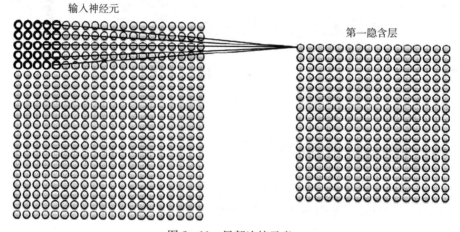

图 2-11　局部连接示意

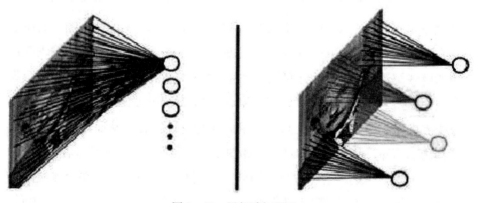

图 2-12　局部感知原理

（2）层间：卷积神经网络通过权值共享的方式来实现对于每一层中的隐含层单元的计算。

权值共享，即一个卷积核能够用于整个输入层。对于输入图像，用卷积核进行卷积，卷积核里的值称为权重，该输入图像中的每个位置使用同一个卷积核进行扫描，因此卷积时采用的权重是相同的，也就是整个输入图像都共享同一个卷积核内的权重，并不会由于图像内位置的变化而使卷积核内的权重发生变化，从而达到卷积核不发生权重变化的前提下卷积处理整个输入图像的目的。具体来说，若卷积神经网络某个隐含层中有 n 个单元，则传统的全连接网络为该层提供 $n \times 1\,360 \times 768$ 个权重参数，而卷积神经网络能够达到 n 个隐含层单元的权值共享功能，即只提供 5×5 个权重参数即可。通过权值共享策略，局部区域的每一个卷积核对应的权值实现共享，网络训练参数的数量不会由于输入图像过大而发生较大变化，从而又大幅降低网络中参数的个数。

（3）降维：下采样方法。

对于输入图像，在经过卷积操作之后得到的图像特征维数很大，仅仅通过卷积操作是不可能对图像进行降维的，而通过下采样方法就能够完成图像的降维操作，从而实现对于卷积后图像中响应值最大的值的提取和放大，同时将无用的干扰结果值进行抛弃。因此，下采样方法能够避免过拟合问题的产生，有利于深度特征提取。下采样主要包括平均采样和最大采样两种，分别保存采样窗口内的平均值和最大值。

基于上述对于卷积神经网络的阐述，可以看出，CNN 为图像深层特征的提取提供了新思路。相比浅层学习算法，本书总结了 CNN 的 3 个优势：

（1）CNN 能够在保持图像结构不变的情况下，通过训练数据以及多层非线性映射自适应地构建特征的隐式描述，这些特征更能体现出数据的分布特征。

（2）特征提取和识别同步工作，省略了凭借已有经验设计的显式特征提取和数据重构的步骤，相对于传统的"先特征提取，后分类识别"的图像识别方法来说，性能更优。

（3）CNN 提取的图像特征对旋转、平移、缩放等变化存在较强的健壮性，从而能够达到更好的查全率和查准率。

综上，CNN 可以自动地根据输入的图像进行特征提取，无须人工设计特征，达到精准、快速的图像识别效果。将卷积神经网络应用到蔬菜全产业链机器视觉关键技术研究中，可以准确快速地识别蔬菜图像，达到理想的分类精度，充分发挥当前对于图像深度特征提取的深度神经网络的价值，为蔬菜全产业链机器视觉关键技术研究提供理论基础和技术支持。因此，本书将 CNN 作为蔬菜全产业链机器视觉关键技术的理论基础和技术支撑，并对相关算法和模型进行优化，以达到更好的分类效果和识别精度。

2.6.4 卷积神经网络的训练过程

本部分将阐述卷积神经网络的训练过程，对于卷积神经网络的前向推理和误差反向传播两个环节分别进行详细阐述。在单标签分类问题中，通常采用 one-hot 编码方式，也称一位有效编码，即编码的比特数等于所需的状态数，而且仅有一个比特为 1，其余比特数均为 0 的一种编码方式。对于输入的一张彩色图像，输入层就是图像像素相应的矩阵，或者说是一个张量，与卷积层相连的卷积核 W 也是张量。CNN 是一个端到端的深度学习模型，模型的输入包括原始图像的像素组成的张量及图像的标签，从而能够防止传统的人工设计特征造成信息丢失的问题出现。

在正向传播环节，数据从低层次向高层次传播。在反向传播环节，在正向传播得到的结果与预期不符合的情况下，将误差从高层次向低层次传播训练。训练过程如图 2-13 所示。

根据图 2-13，训练过程为：

（1）初始化权值。

（2）输入图像经过卷积层、下采样层、全连接层的正向传播得到输

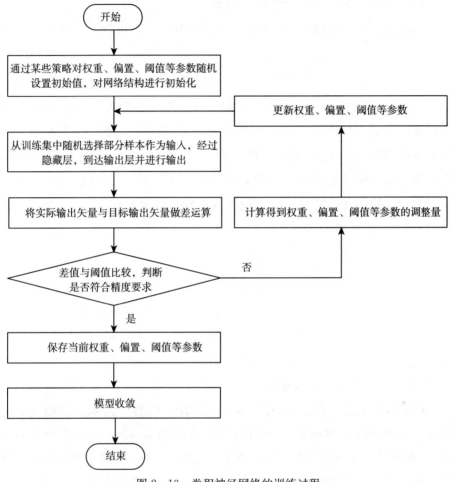

图 2-13 卷积神经网络的训练过程

出值。

（3）计算输出值和目标值存在的误差。

（4）在正向传播计算得到的误差超过期望值的情况下，将误差传回，依次求得全连接层、下采样层、卷积层的误差。各层的误差可以理解为对于网络的总误差，网络应承担多少；在误差小于期望值的情况下，整个训练过程结束。

（5）根据计算得到的误差更新权值，并返回执行第二步。

2.6.4.1 正向传播（feed forward）阶段

CNN 的正向传播依次经过输入层、卷积层、池化层、全连接层以及 softmax 层产生最终的输出结果。

（1）卷积核。对于输入样本 x，卷积神经网络通过交替堆叠的卷积层和池化层对图像的特征进行提取和降维。离散卷积可以转化为矩阵相乘，第一个卷积层的输入来自模型输入的图像样本，之后的输入来自网络上一层的输出。具体地，先将卷积核矩阵与转置后的特征图矩阵相乘，再将结果输入给非线性激活函数激活，便完成特征图卷积核激活操作。其中，网络第 l 层的一组卷积结果和特征图分别用 u_j^l 和 h_j^l 表示（其中，$h^0 = x$）：

$$u_j^l = \sum_{i \in h^l} x_i^{l-1} \otimes k_{ij}^l + b_j^l \qquad (2-1)$$

$$h_j^l = f(u_j^l) \qquad (2-2)$$

式中，x_i^{l-1} 代表第 $l-1$ 层第 i 个特征图，k_{ij}^l 表示网络中第 $l-1$ 层与第 l 层的第 j 个卷积核，符号 "$\otimes$" 表示卷积运算，b_j^l 表示第 l 层的偏置向量。人们经常将这种线性组合用 u_j^l 表示，最后将这种线性组合交给公式（2-2）完成非线性激活，从而形成 l 层最终的特征图。

（2）激活函数。在 CNN 中，神经元使用非线性激活函数将输入的特征图转化成非线性响应值。卷积核的计算结果 u_j^l 经过非线性激活函数 $f(u_j^l)$ 的激励，得到当前层的特征图 h_j^l，这种非线性映射是多层神经网络具有逼近任意函数的前提。通常采用 sigmoid 函数或 tanh 函数，其函数图像如图 2-14 所示，但是在训练过程中会出现梯度消失或者爆炸。因此，在图像识别中通常选择整流线性单元（ReLU）来解决这一问题，公式（2-3）为其计算方法，其中 x 为卷积核的运算结果：

$$f(x) = \max(0, x) \qquad (2-3)$$

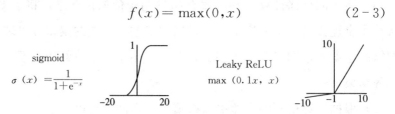

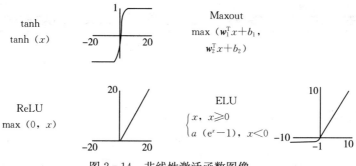

图 2-14 非线性激活函数图像

（3）池化层（pooling）。该层一般堆叠在卷积层的后面，主要负责分解各层的图像特征信息，对不同的特征进行聚合统计，可大幅减少特征数量，同时保证特征在发生平移、翻转和旋转时保持不变。池化层一般采用的池化方法包括最大池化和平均池化，如图 2-15 所示。可以看出，通过池化层的作用，特征数量减少，同时只保存价值最大的特征。在设计卷积神经网络模型时，通常先选择最大池化，在分类识别效果未达到预期的情况下，才选择平均池化。

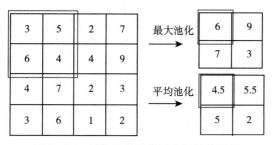

图 2-15 经典池化操作示意及数值举例

（4）全连接层。该层将各层采集的特征信息汇总起来，从而获取 CNN 的全局特征，对于将来的样本图像分类和识别发挥出重要作用。全连接第 l 层的神经元和第 $l-1$ 全连接层的每个神经元通过权重矩阵 $\boldsymbol{W}_x$ 彼此连接，如图 2-16 所示，一个 $32 \times 32 \times 3$ 的彩色图像经过多层卷积和池化操作后，在全连接层被拉伸成 $3\,072 \times 1$ 的向量，然后与一个 $10 \times 3\,072$ 的权重矩阵 $\boldsymbol{W}_x$ 做点乘，得到 10×1 的激活向量。

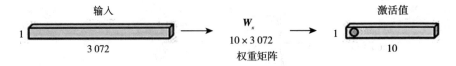

图 2 - 16　全连接层操作示意

具体地,全连接层 l 的计算方法如下:

$$h_j^l = f(\boldsymbol{W}^l h_j^{l-1} + b^l) \qquad (2-4)$$

(5) softmax 层。在 CNN 中,softmax 分类器负责进行图像的分类。softmax 的输出也可以解释成模型对各个类别的概率分布,表示预测的对象属于每个分类的概率,不同类别的概率分布的累加和等于 1,具体计算方法为式(2 - 5):

$$\text{softmax}(h_j^l) = \frac{e^{h_j^l}}{\sum\limits_i e^{h_{ij}^l}} \qquad (2-5)$$

(6) 误差函数。在单标签图像分类问题中,通常使用交叉熵作为模型的误差函数。交叉熵刻画的是模型的预测值 $f_s(x_i)$ 与期望值 $e(y_i)$ 之间的距离,即交叉熵的值越小,表示两个概率分布就越接近。假设模型一次使用 m 个样本进行参数更新,则误差函数 J 定义如下:

$$J = -\frac{1}{m} \sum\limits_i e(y_i) \lg f_s(x_i) \qquad (2-6)$$

其中下标 i 代表样本序号,$1/m$ 表示取平均距离。

2.6.4.2　反向传播(feed backward)阶段

早在 1986 年,Rumelhart 等就提出了反向传播算法。该算法针对神经网络多层堆叠的结构特点,采用函数求导的链式法则,重复利用梯度,快捷、准确地计算出神经网络中各层的参数。在 CNN 不断发展的今天,网络结构日趋复杂,反向传播与正向传播方向相反,模型将交叉熵损失函数计算的误差和梯度以与正向传播相反的顺序从输出层传递到输入层。因此,反向传播过程从网络输出层的误差函数开始计算,逐层完成参数调整和权值更新,以完成学习。

设误差项 δ_j^l 是网络第 l 层第 j 个神经元输出的特征图 h_j^l 的偏导数,其物理意义是模型的训练误差相对于第 l 层输出的权值的敏感程度。$l-1$ 层的误差敏感项由 l 层的误差敏感项使用链式法则求得。对于输出层:

$$\delta_j^l = \frac{\partial J}{\partial h_j^l} = \frac{\partial J}{\partial f(h_j^l)} f'(h_j^l) \tag{2-7}$$

(1) softmax 层。在 softmax 层,采用交叉熵作为损失函数时,误差敏感项的表达形式为

$$\delta^l = \frac{1}{m} \sum_i \left[e(y_i) - f_s(x_i) \right] \tag{2-8}$$

(2) 全连接层。在全连接层,误差敏感项传播到此层的所有网络节点,其权值和偏置的求解方法为

$$\delta^l = (W^{l+1})^{\mathrm{T}} \delta^{l+1} f'(h^l)$$

$$\frac{\partial J}{\partial b} = \delta^l \tag{2-9}$$

$$\frac{\partial J}{\partial W^l} = x^{l-1} (\delta^l)^{\mathrm{T}}$$

(3) 池化层。如果采用最大池化,则误差敏感项传播到最大池化相应位置:

$$\delta_j^l = \mathrm{upsample}(\delta_j^{l+1}) \tag{2-10}$$

(4) 卷积层。相对于全连接层的紧密连接来说,卷积层的连接特别稀疏,在反向传播误差修正的过程中,必须搜索全部与此神经元相对应的连接权值,同时将相关的误差敏感项向对应位置进行传播,求解方法为

$$\delta_j^l = \sum_i \delta_i^{l+1} \bigotimes k_{ij} f'(h_j^l) \tag{2-11}$$

卷积核与偏置的梯度计算基于:

$$\begin{cases} \dfrac{\partial J}{\partial b} = \sum_{u,v} (\delta^l)_{u,v} \\[2ex] \dfrac{\partial J}{\partial k_{ij}^l} = \sum_{u,v} (\delta^l) (o_i^{l-1})_{u,v} \end{cases} \tag{2-12}$$

上式中 u、v 表示某次连接,o_i^{l-1} 表示输入的特征图 h_i^l 与卷积 k_{ij}^l 按位运算后输出的结果。

2.7　基于深度学习的目标检测技术

目标检测是指定位和识别图像和视频中目标的多个实例。目标检测模型是专门设计用于检测图像中对象的位置和大小的深度学习模型。有不同种类的模型，常用模型有基于区域的卷积神经网络（R-CNN）、基于区域的快速卷积神经网络（Fast R-CNN）、基于区域的更快卷积神经网络（Faster R-CNN）、YOLO、单次多盒检测器（SSD）、基于区域的全卷积网络（R-FCN）。基于深度学习的目标检测在机器视觉检测识别方面很有前途，它可以在图像和视频中同时识别多种不同的实例。这些模型分别属于两种类型的检测器。第一种类型称为两阶段检测器，将对象的定位与其分类解耦，即在第一阶段中物体被定位，在第二阶段中物体被分类。第二种类型称为一阶段检测器，将物体的定位和分类结合到一个步骤中。已有研究表明，两阶段检测器提供了略高的精度，而一阶段检测器实现了更高的检测速度。

2.7.1　基于区域的卷积神经网络

R-CNN 是一种速度更快的卷积神经网络，其操作基于将图像分解为多层来搜索特征，然后使用 RPN（区域建议网络）来找到潜在对象的区域，最后对其进行分类并确定包络。R-CNN 由与 CNN 相同的结构组成，广泛用于图像检测。在 R-CNN 中，R 代表区域，指的是感兴趣检测的期望区域。一个普通的 CNN 可以通过返回一个对象的类名来很容易地对该元素进行分类。但无法显示该对象在所需类或图像中的确切位置。为了表征被称为感兴趣区域（ROI）的边界框对象，R-CNN 采用了选择性搜索策略，过滤掉联合交集（IoU）较大的区域，从而筛选得到高分推荐。然后，它在从每个边界框区域提取必要的 CNN 特征后返回结果。但 R-CNN 有一些局限性。R-CNN 的主要限制是训练缓慢。如果有更多的区域或对象需要检测或分类，则其训练阶段会增加；由于训练需要很长时间，R-

CNN 不能被视为实时检测器，因为它的检测过程需要更多的时间进行模拟。

R-CNN 的工作流程如图 2-17 所示。

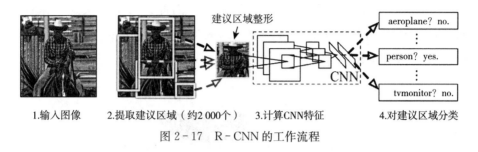

图 2-17　R-CNN 的工作流程

2.7.2　基于区域的快速卷积神经网络

为了克服 R-CNN 的不同局限性，以有效地提高 R-CNN 的检测速度，提出了一种新的模型，将该模型命名为 Fast R-CNN。它的工作原理与 R-CNN 算法相同。首先，它将输入图片发送到 CNN，以便创建卷积特征图；然后，使用 ROI 池化层，触发一个感兴趣的区域，并将该区域分布成正方形，以使用特征图转换为固定大小。softmax 层预测建议的类，将其发送到完全连接层。但是，在该模型中仍然存在许多问题：首先，每个测试图像需要 20 秒的时间，这是一个缓慢的检测过程；其次，它对于实时数据检测仍然不准确。

Fast R-CNN 的结构如图 2-18 所示。

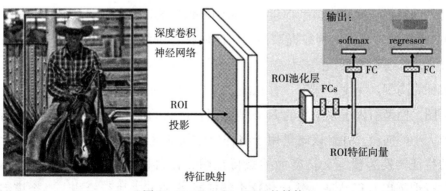

图 2-18　Fast R-CNN 的结构

2.7.3　基于区域的更快卷积神经网络

同样，Fast R - CNN 也有一些局限性。因此，为了解决这一限制，对 Fast R - CNN 进行了另一次修改，以减少耗时问题。以下部分讨论新修改版本 Faster R - CNN，其结构如图 2 - 19 所示。

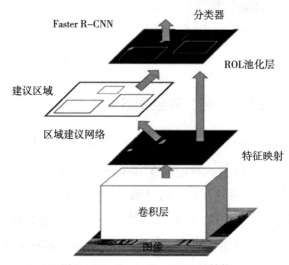

图 2 - 19　Faster R - CNN 的结构

该模型于 2015 年首次发表在《神经信息处理系统》杂志上。顾名思义，它的速度明显优于 Fast R - CNN 和 R - CNN。对于实时数据集处理，该模型需要 0.2 秒。Faster RCNN 框架采用 VGG - 16 或 ResNet - 101 作为基础网络，这两个模型都包括大量的模型参数，增加了计算成本。Faster RCNN 方法包括特征提取模块、区域推荐网络（RPN）、ROI 池化分类定位。模型由复杂的模块组成，图像（多维阵列）在进入中间层之前被表征为高度×宽度×深度，首先经过预先训练的 CNN，然后得到卷积特征图。模型引入了一个新的 ROI 池化层，从新的 ROI 池化层获得固定特征大小的向量，并且该向量用于将任何建议的区域有效性内的最大池化的特征转换为预定义长度的缩减特征图。在目标检测中，首先对 CNN 进行训练以获得特征。然后将这个特征赋予 ROI 来执行检测。整个模型形成一个独立统一的目标检测网络，其中 RPN 采用当前流行的注意力机制，使得模型能够关注到最应该引起注意的区域，其结构如图 2 - 20 所示。

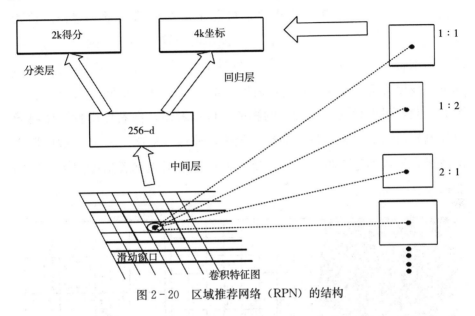

图 2 - 20　区域推荐网络（RPN）的结构

根据图 2 - 20，Faster R - CNN 的 RPN 模块使其能够更好地定位 ROI，并有效地对样本进行分类，因为它使用了目标区域的大小、颜色和纹理等信息，并通过使用几个选定的窗口来保证更高的召回率。

2.7.4　单次多盒检测器

单次多盒检测器（SSD）属于一阶段框架，也被称为回归或基于分类的框架。在这样的框架中，像素值、边界框坐标和类概率之间存在显式映射，而不像基于区域建议的框架。因此，与 Faster R - CNN 和同类架构相比，SSD 在实现实时性能方面具有更短的推理时间。

图 2 - 21 为 SSD 进行目标检测的框架，由两个主要部分组成：特征提取和对象检测。对于第一部分，通常使用最先进的分类模型（例如 VGG16 网络），但也使用 ResNet 等其他分类模型或者 MobileNet。

特征提取器被称为主干，其目的是从输入图像中生成高级特征图。除了主干之外，SSD 还增加了 6 个额外的特征图，其空间维度不断减小。对于第二部分，SSD 依赖于一组默认锚点（即边界框），具有不同的纵横比和比例，从而减少了边界框可能呈现的形状数量。卷积层负责为每个卷积操作和每个默认锚框预测该锚的位置偏移和数据集上每个类的置信度得分。该卷积层被应用于额外的特征图。在 VGG16 主干的情况下，该层也应用于 Conv4_3 输出。融合每个具有不同分辨率的特征图的预测，可以检测不同大小的物体。可以看出，向右使用特征图将导致检测到更大的对象，反之亦然。最终，非最大抑制（NMS）被应用来保持最高评级的边界框。关于训练，使用定位损失和置信度损失之间的加权和。

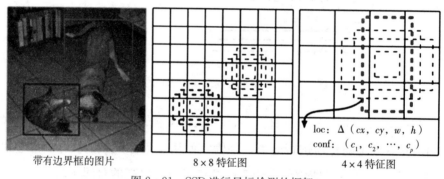

带有边界框的图片　　　　8×8 特征图　　　　4×4 特征图

图 2-21　SSD 进行目标检测的框架

2.7.5　YOLO 网络

YOLO 模型由 Redmon 于 2015 年开发。通常，YOLO 模型只需看一次给定的输入图像或视频，就可以同时执行对象分类和检测。因此，该算法被称为"You Look Only Once"（你只看一次）。YOLO 是一个一阶段目标探测器，其有三个重要部分：主干、颈部和头部。骨干负责从给定的输入图像中提取特征，颈部主要生成特征金字塔，头部作为输出执行最终检测。YOLO 使用单个神经网络来预测边界框并分配各个类别的概率。

YOLO 模型很简单，能够直接从完整的图像中进行训练。YOLO 训练的损失函数直接对应于检测性能，并且整个模型一起训练。YOLO 有 24 个卷积层，用于从图像中提取特征，并以两个完全连接的层结束，用于预测输出的概率和坐标。

YOLO 模型有许多变体是作为前一版本的改进而开发的，即 YOLOv2、YOLOv3 和 YOLOv4。其中在通用 YOLO 模型基础上升级版本的 YOLO 已被证明在各种标准数据集上的准确性和速度方面优于以前的版本。

2020 年，Jocher 发布了 YOLOv5，它具有快速、准确和易于训练的特点。众所周知，在 COCO 数据集上训练的实时对象检测是成功的。YOLOv5 体系结构包括主干（CSPDarknet）、颈部（PAnet）和头部（YOLO 层）。YOLOv5 的主干是跨阶段部分网络，用于从输入图像中提取丰富的信息特征，处理不同级别的特征提取，并且通过利用更深层次的网络提高了处理时间，更高的处理速度和准确性使该算法适用于实时应用。将图像特征公式化并发送到颈部和特殊金字塔池（SPP）。头部使用系列卷积网络聚合图像特征，以处理预测框和相应的类。预测框的定位基于迭代校正边界框位置的对象跟踪算法。这些过程显著提高了 YOLOv5 算法的效率，并使其能够实时应用。YOLOv5 包含 30 个不同的训练超参数，用于训练、验证和测试自定义数据集。影响模型准确性的参数是学习率、批量大小、图像大小、时期数量和交并比（intersection over union，IoU）。学习率可以被认为是每个迭代移动到最小成本的步长。应该仔细选择学习率，以避免过度拟合。批量大小决定了将作为一个批提供给网络的图像的数量。因此，设置更高的批量大小将导致更高的训练速度。还应该注意的是，较大的批量可能会导致较差的泛化。图像大小表示输入网络的大小，因此在输入到网络之前，每个图像的大小都被调整为 416 像素×416 像素。时期数量表示要训练完整数据集的次数。交并比有助于我们根据下限和上限来确定估计与实况的接近程度。

YOLO的工作流程和具体示例分别如图 2-22 和图 2-23 所示。

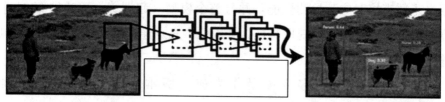

图 2-22 YOLO 的工作流程

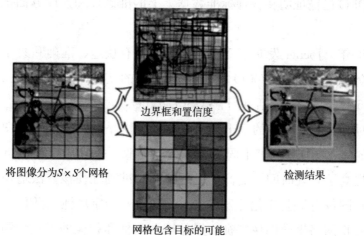

边界框和置信度

将图像分为 $S \times S$ 个网格

检测结果

网格包含目标的可能

图 2-23 YOLO 的工作示例

YOLO 模型的具体操作如下：

（1）将输入图像划分为一组网格。

（2）每个网格被馈送到骨干 CNN，该骨干 CNN 从中提取特征。

（3）通过颈部将这些特征组合在一起，以建立全局模型。

（4）根据关系和特征输出检测结果。

对于分类问题，YOLO 预测出各个网格的 C 个类别概率值 Pr（class｜object）。各个网格仅预测一组类别概率值，与预测的边界框数量和大小没有关系。而在改进后的 YOLO9000 版本中则将类别概率预测值与边界框绑定在一起。

YOLO 具有以下优点：

（1）由于采用一个 CNN 网络进行目标检测，为单管道策略。

（2）由于对整张图片进行卷积操作，因此检测目标视野更大，减小了受到背景干扰的概率。

（3）泛化能力强，具备较好的健壮性。

YOLO 存在以下缺点：对于小尺度目标的检测性能不高，在对象的宽高比方面泛化率低，不能精确检测到比例不正常的对象。

2.8 机器视觉的典型应用领域

机器视觉使得机器能够代替人类肉眼进行"观察"事物，比人类肉眼更好地完成识别、检测、测量、推断等各种操作。因此，机器视觉在不同领域得到了应用，应用领域多到让人目不暇接。本小节简单列举机器视觉的典型应用领域。

2.8.1 图像识别应用领域

利用机器视觉技术能够识别图像中物体的类别，从而实现物体分类。图像识别应用领域最典型的就是识别二维码。二维码中存储了一定的数据信息，利用机器视觉的图像识别功能可以识别出其中蕴含的信息，从而实现工作生活的智能化。

2.8.2 图像检测应用领域

传统的人工检测受到人类肉眼观察能力的限制，导致检测效果不佳，检测较慢，不能持续不间断地完成人工检测工作。利用机器视觉的图像检测功能可以实时精准完成长时间、超负荷的检测工作，取得较高的检测效率。当今非常成熟的就是人脸检测，只需"刷脸"就能检测到人脸的眼睛、鼻子、虹膜、嘴巴等各种特征，从而检测出是不是本人，是不是在逃嫌疑人，等等。

2.8.3　视觉定位应用领域

在传统的工业、制造业领域，传统的人工定位不能够快速找到需要的物体，并进一步确定具体位置，很难进行各种形式的零部件的正常定位和安装，导致工厂的流水线工作效率低下。在智能制造领域，各种螺丝、电子元件、齿轮、零部件等需要利用机器视觉精准实时定位，以保障视觉定位之后的正常安装。

2.8.4　物体测量应用领域

相对于人类肉眼的接触式物体测量只能测量静止的物体来说，机器视觉可以在不接触的情况下精准实时测量不同状态下的各种物体。在智能制造领域，对于物体的尺寸测量的要求非常高，误差尽可能要低，才能够保障所生产出来的产品达到较高的合格率。因此，利用机器视觉的物体测量功能进行物体尺寸的智能化测量工作，无论是静止的物体还是运动的物体，都能够跟踪测量，能够保障生产制造业领域工作的有效开展。

2.8.5　物体分拣应用领域

相对于传统的基于人类肉眼观察的物体分拣来说，机器视觉技术可以在图像识别、图像检测的基础上智能分拣不同等级、不同类别、不同品质、不同尺寸、不同形状的物体。典型的机器视觉物体分拣应用领域包括不同等级的蔬菜的分拣、工业残次品的分拣、桑蚕业残次品的分拣等。

2.9　机器视觉助力蔬菜产业智慧化转型升级

当前蔬菜产业发展面临动力缺失、效益不高和人力缺乏等瓶颈，全产业链各环节之间缺乏有效衔接，发展模式较为粗放。但是随着机器视觉以及人工智能技术的进步、数据采集分析处理能力的改进，机器视觉在蔬菜全产业链的主要环节发挥出巨大的作用，并推动蔬菜产业朝着更加智能化的方向发展。借助机器视觉解决蔬菜产业发展的痛点，助力蔬菜产业智慧化转型升级已成为业界共识。随着机器视觉技术的快速发展，将其应用于蔬菜产业智慧化升级，可以有效应对当前蔬菜产业智能化水平不高、机械装备作业质量不足、劳动力缺失等问题，达到蔬菜全产业链的低投入、高回报。可见，机器视觉技术在蔬菜产业智慧化转型升级中发挥着关键作用。

2.9.1 机器视觉提高蔬菜机器装备智能化

机器视觉技术应用于蔬菜产业，使得蔬菜育苗播种、田间管理、产后采摘等农机装备更智能，保证蔬菜高产优质。在育苗播种过程中，融合机器视觉技术的智能育苗播种装备能够进行自主定位和智能导航，保证蔬菜植株行距的合理性，避免植株行距过密或者过稀的问题。在田间管理过程中，融合机器视觉技术的智能农机装备能够精准施肥、施药和灌溉，保证蔬菜所需的肥料、农药和水分，避免过量施肥和环境污染。在产后采摘过程中，融合机器视觉技术的智能采摘机器人可以昼夜施工，利用机械臂精准采摘蔬菜，避免采摘中的蔬菜损伤，提高作业效率和蔬菜产量。

2.9.2 机器视觉实现蔬菜生产管理高效率

机器视觉技术应用于蔬菜产业，使得蔬菜生产管理效率更高，实现实时监测和紧急预警。采用机器视觉技术，可以建设高科技智慧化蔬菜产业园区，实现蔬菜生产管理全过程的智能化管理和大数据挖掘，将传统蔬菜产业中凭借菜农肉眼和经验进行的各项生产管理操作升级为实时智能管理，实现蔬菜生产管理效率的提升。同时，通过机器视觉检测识别技术的应用，可以实时对蔬菜生产过程中可能发生的虫害、病害等及时进行监测预警。另外，利用机器视觉的图像识别功能，可以溯源蔬菜生产过程，保障蔬菜质量安全。

2.9.3　机器视觉助推蔬菜交易科技化

机器视觉技术应用于蔬菜产业，使得蔬菜交易更具科技化。基于机器视觉技术，可以对蔬菜进行品质分级。在蔬菜品质分级的基础上可以筛选不同品质和级别的蔬菜以不同的价格进行销售，从而赢得不同需求的消费者的满意。

3 温室复杂背景下蔬菜病害图像识别

常规的蔬菜病害诊断与监测方法昂贵、耗时、依赖专家，会受到人的偏见和疲劳的影响，导致准确性低，必须采取图像识别方法精准识别蔬菜病害。本部分将改进并提出一种蔬菜病害图像识别算法。对复杂背景下获取的蔬菜病害样本进行试验，验证改进方法的性能。

3.1 温室复杂背景下蔬菜病害图像识别的意义

蔬菜病害根据其主要病原体的来源分为传染性或非传染性。蔬菜病害可通过相互作用危害蔬菜生长过程，影响蔬菜的光合作用、开花、结果等。真菌、细菌、植原体、病毒、类病毒、线虫和其他病原体可以引起蔬菜病害。细菌会引起细菌枯萎病、结痂病、腐烂病、细菌枯萎病和其他病害。灰霉病、霜霉病、白粉病、斑点枯萎病都是由真菌引起的疾病。每种蔬菜都有特定的发病特征，无论它是由细菌、真菌还是病毒引起的。

蔬菜病害直接影响国家蔬菜质量安全，造成经济损失。如今，人们更加意识到滥用化学农药对人的健康和环境的负面影响。因此，有必要在早期准确检测病虫害。蔬菜病害图像识别对于精准农业和蔬菜表型分析是非常必要的。若不能正确识别和防治，将会导致减产、质量下降甚至绝收。传统的病害识别由种植户凭经验完成，不仅耗时耗力、工作量大、效率低下，错判、误诊和错误施药等现象也屡见不鲜，而大量使用杀菌剂等化学物质控制病害会破坏农业生态，且劳动力日益短缺，人力成本日益增大，种植经验日益匮乏。

对病害进行有效防治，首要的工作是对病害做出准确识别，通过对病害图像进行模式识别，可以检测病害种类。随着人工智能技术的发展，基于机器视觉和深度学习的蔬菜病害自动识别算法研究正在逐步展开。对于蔬菜病害识别，自 2015 年创建 PlantVillage 数据集以来，使用深度学习方法已成为研究热点。PlantVillage 已成为最受欢迎的数据集之一，用于病害识别、严重程度估计和开发不同管理系统。PlantVillage 数据集自从引入以来，已成为训练和开发基于深度学习的植物病害识别和严重程度估计模型的最常用数据集，大多数图像是在背景均匀的受控实验室条件下采集的。由于 PlantVillage 数据集中的图像不能代表真实的田间条件，使用这些图像识别病害的深度学习模型无法以更高的精度推广到田间条件下获得的图像。此外，数据集是不平衡的，导致错误深度学习模型的性能受到影响。许多研究使用公开可用的数据集来训练深度学习模型，以识别不同蔬菜的病害，从而解决减产问题。少数研究也使用了自定义数据集。深度学习技术用于蔬菜病害诊断具有多种优势，包括分离病害症状、识别多种病害、估计病害严重程度，以及开发低成本的病害防治解决方案。利用最新的机器视觉技术，直接输入原始蔬菜病害图像，摒弃了传统方法中的图像预处理、特征提取和特征分类等烦琐步骤，采用端到端的结构简化了识别流程，准确率和实时性显著提升，可以大幅降低病害带来的损失，破解种植户目前存在的"用最传统的方式赚最辛苦的钱"的局面，对推动智慧农业的发展具有积极的研究价值和意义。

3.2 前人研究现状及不足

早期研究主要采用传统的图像处理方法人工提取农作物病害图像的纹理、颜色和形状特征，可以比人眼观察更早地发现病害。传统方法识别病害往往先通过预处理技术移除背景并将感染部分分割，然后提取具有区分性的特征做进一步分析，最后用监督分类算法或无监督聚类算法对特征进行分类。此类方法关注的作物种类有限，通常只在小数据集上进行分析，同时如果背景包含其他叶片和植物等干扰，则分类会变得更困难。此外，由于病害的复杂性，病害症状会表现出不同的特征，设计人工特征如颜色直方图、纹理特征和 SIFT 特征需要专业知识，耗时且费力，较难普遍应用，并且样本越大，差异越大，识别效果也较差。近年来，各类基于机器学习的人工智能应用层出不穷，"深度学习"应运而生，并在一系列大规模、细粒度的识别任务中表现优异。深度学习在视觉分类上展现出了接近甚至超越人类视觉感知水平的精度，如何在植物病害识别领域达到这种性能已成为众多研究者的追求目标。自 2015 年以来，深度学习在植物病理学中取得应用，并不断取得突破。深度学习病害图像识别方法已成为病害识别领域的新方向。为更好地说明深度学习识别方法的特点，将两种方法进行对比分析，如表 3-1 所示。

表 3-1　传统识别方法与深度学习识别方法的对比

对比项	传统识别方法	深度学习识别方法
特征提取方式	手动设计特征提取器，离不开已有的领域知识	不需要手动提取特征，可以直接使用原始数据进行训练
训练方式	通常使用 SVM、KNN 等机器学习算法进行训练	使用深度神经网络进行训练
数据要求	对数据量的要求较小	需要大量的数据
适用场景	适用于数据规模较小、特征较明显的场景	适用于数据规模较大、特征难以提取的场景

　　总的来说，深度学习识别方法在大规模数据集和复杂的图像识别任务中表现更好，但需要更多的数据和计算资源。传统识别方法则适用于小规模数据集和简单的图像识别任务。下面分别从病害图像深度学习识别方法的概念界定、病害图像分类、病害目标检测、病害图像数据集、注意力机制 5 个方面介绍国内外研究现状及发展动态，并综述了已有研究的局限性。

3.2.1 病害图像深度学习识别方法的概念界定

与机器视觉技术中涉及的分类、检测和分割任务相对应，蔬菜病害图像识别领域也存在这些任务，归纳为哪种蔬菜病害类型（what）、蔬菜病害发生在哪个位置（where）和蔬菜病害发生的严重程度怎么样（how）。第一个任务，"what"就是利用图像分类方法来确定是哪种蔬菜病害类型，图3-1中确定蔬菜患有"灰霉病"这一种病害类型。第二个任务，"where"就是在第一个任务的基础上又前进了一步，利用目标检测算法确定蔬菜病害发生在哪个位置，图3-1中将蔬菜患有"灰霉病"的位置进行标注。第三个任务，"how"就是确定蔬菜病害发生的严重程度怎么样，图3-1中确定蔬菜患有"灰霉病"的具体染病程度，为精准施药提供决策数据。

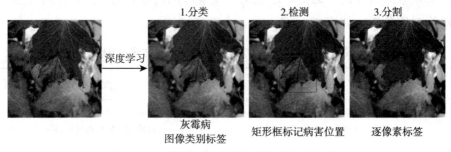

图3-1　"蔬菜病害图像识别"的概念界定

图3-1中三个任务都有各自的工作职责和特点，它们之间相互联系、相辅相成，各自为蔬菜病害图像识别发挥出应有的作用。具体来说，第二个任务"where"是建立在第一个任务"what"的基础上确定蔬菜的染病位置的，第三个任务"how"也与第二个任务"where"存在一定的相互关联。第一个任务"what"为后续两个任务提供前提条件。

3.2.2 病害图像分类方法

在基于深度学习的植物病害图像分类领域，目前主要方法有两类。

3.2.2.1 利用经典网络模型进行迁移学习

许多研究利用经典网络模型进行迁移学习的方法，在染病叶片图像数据集上微调经典网络模型解决病害分类问题。Mohanty 等在简单背景数据集上进行了实验，精度高达 99.35%，但是在复杂背景测试集上的精度降低到 31%，这说明使用简单背景图像数据集（PlantVillage）训练的模型难以推广到真实复杂自然环境中。Brahimi 等利用简单背景数据集进行了番茄病害图像分类，取得了较好效果。同时，Brahimi 等还使用 3 种学习策略在植物疾病分类的公共数据集上测试了多个卷积神经网络架构，提出了使用显著性映射作为可视化方法理解和解释卷积神经网络的分类机制，准确率达到 99.76%。Atabay 除了将迁移学习作为学习方法外，还综合利用了深度残差学习方法，采用简单背景下的番茄病害数据集进行实验，结果表明，该结构在精度和再训练时间上均优于在 ImageNet 数据集上进行预训练的 VGG 模型。Oppenheim 等在自然光照下采集了不同大小、色调和形状的染病马铃薯图像，通过微调 VGG 网络对其进行识别分类。Too 等使用 PlantVillage 数据集中的 14 种植物和 38 类病害，对于不同的深度学习模型进行了反复多次对比实验，实验表明，随着迭代次数增加，Dense-Nets 的精度在不过拟合的前提下不断提高，达到 99.75% 的测试精度。目前使用的大多数解决方案都是基于调整网络参数（微调），这些参数是在巨大的数据集上预训练的。这种方法可以在同时使用少量训练示例的情况下获得良好的结果。

3.2.2.2 改进经典网络模型或构建浅层网络模型

随着深度学习模型的不断优化，研究人员对于深度学习模型在蔬菜病害领域的研究不断深入。Kawasaki 等（2015）实现了两种黄瓜病害和健康状态的三分类，该网络可以达到平均 94.9% 的分类准确率，但该数据集来源单一、黄瓜病害种类少，且没有考虑到诸如光照等环境的干扰。Fujita 等（2016）进一步完善上述工作，搭建了四层卷积网络，实现了对自然环境采集的黄瓜叶片健康状态和感染七种病毒性病害状态的八分类，这七种病害涵盖了黄瓜可能感染的所有病毒，能够保证该诊断系统在实际使用中的稳定性。Liu 等（2017）在 AlexNet 和 GoogLeNet 的基础上构建了网络，该网络头部是 AlexNet 的前五个卷积层，由于病斑面积较小，采用了较小的卷积核，网络尾部由两个 pooling 层和两个 Inception 级联在一起，能够获得更快的识别速度和更高的识别精度。Zhang 等（2019）在 CNN 的基础上将三种颜色分量相结合，构造了一种用于植物叶片病害识别的三通道卷积神经网络模型，每个通道 TCCNN 组件由三种颜色的 RGB 病叶图像组成。Atila 等（2021）提出了一种深度学习架构 Efficient-Net，采用简单背景数据集进行实验，测试数据集的精度达到 99.91%。Khatoon 等（2021）采用多种深度学习模型对番茄病害进行识别，比较了浅层网络（一个从零开始训练的浅网络）和深度学习网络（模型通过迁移学习进行微调）的性能，结果表明，DenseNet 在测试数据集上的准确率为 95.31%。樊湘鹏等（2022）设计了玉米病害图像识别模型，识别精度为 97.10%，较未优化网络提高 9.02%，同时开发了移动端玉米田间病害识别系统，准确率达到 83.33%。Zhao 等（2022）将残差结构作为卷积块引入 Inception 结构，建立植物病害分类网络，将信道注意力模块和空间注意力模块相结合的改进卷积块注意力模块嵌入到分类网络中，模型对于鉴定玉米、马铃薯和番茄三种植物病害的总体准确率达到了 99.55%，各类别的分类准确率分别为 98.44%、99.43% 和 95.20%。

上述表明，为了解决传统机器学习技术对复杂图像识别率低的问题，深度学习的发展为图像分类带来了更高的速度和精度。但上述方法都只能判断是否感染病害而不能进行病害定位。

3.2.3　病害目标检测方法

病害识别除了要通过图像分类确定病害类型之外，还要定位病害的感染位置和精确程度。在对病害图像分类取得较好效果的基础上，少数研究者利用目标检测方法进行病害定位，这将是研究趋势之一。研究人员主要采用两阶段和一阶段两类方法展开实验。这两类的主要区别是在分类和定位之前是否在特征图上执行候选区域选择。

3.2.3.1 两阶段检测方法

两阶段检测方法在第一阶段识别区域建议，并在第二阶段对区域建议中的目标进行分类。如基于区域建议的 CNN，包括 R‑CNN、Fast‑RCNN、Faster‑RCNN 及其改进。Fuentes 等（2017）开发了一种番茄病害类型检测和定位的实时系统，不仅可以检测病害类型，还分别利用 Faster R‑CNN、SSD 和 R‑FCN 实现病斑定位。Fuentes 等（2019）实现了一个基于 CNN 滤波器组的框架，以最小化误报次数，检测了 9 种不同的病害，取得了良好的结果，但是模型包含区域建议生成和分类两个步骤，计算量较大。Arsenovic 等（2019）自建了一个包含 79 265 幅图像的数据集（在不同的天气条件下，以不同的角度拍摄），提出了一种两阶段神经网络结构，能够实现在一片叶子上检测多种病害，训练后的模型精度达到 93.67%。李就好等改进了现有的区域建议网络，以更好地进行特征提取，得到了一种适用于苦瓜病害的检测方法，该方法所得模型的平均精度为 86.39%，每幅图像的检测时间为 0.322 秒。Fuentes 等（2021）提出了一种称为"控制目标类"的新范式，以提高识别方法的泛化能力，在包含 5 个目标类和 9 个控制类的番茄病害数据集上进行了验证，平均识别率达 93.37%，方法局限性体现为数据不平衡，直接影响了目标类别作为系统识别目标的选择，同时仍然需要扩充数据集以提高模型的健壮性。

3.2.3.2 一阶段检测方法

一阶段检测方法直接从输入图像提出预测的边界框，而不需要区域建议步骤，检测效率高，可以实时使用，如 SSD、YOLO 及其改进。Ramcharan 等（2019）训练了 MobileNet‑SSD 模型识别木薯叶片表面病害症状，将模型部署在智能手机上，用在真实场景下获取的叶片图像和视频进行测试，发现得到的准确率明显下降。Selvaraj 等（2019）通过从香蕉植株不同部位采集的 18 个不同类别图像，构建了 SSD‑MobileNetV1 模型，准确率超过 90％。Zheng 等（2019）提供了 CropDeep 物种分类和检测数据集，包括 31 147 张图像和来自 31 个不同类别的 49 000 多个注释实例，通过测试验证了病害分类和检测的不同结果，说明检测并分类难度更大。刘芳等（2020）构建了 IMS－YOLO 模型，融合了番茄病害的多尺度特征，方便对于小尺度病害目标的识别，采用自制的番茄数据集对 IMS－YOLO 模型进行测试，结果表明，提出的模型能够同时满足精度和实时性要求。赵佳悦（2020）利用 YOLOv2 和 YOLOv3 进行了番茄病害检测，精度达 97.04％，但其数据集是网络上的简单背景图片，实用性不强。Liu 等（2020）提出了改进的 YOLOv3 算法用于番茄病害检测，精度高且运算快，但此方法只能检测轻微叶片重叠情形下的目标，对复杂自然环境下大面积遮挡的情形适应性较低。胡根生等（2021）使用 YOLOv5 为基线网络，采用人类的视觉注意力机制以便更加关注病害的局部特征，达到 92.89％的平均精度。黄丽明等（2021）识别无人机遥感影像上的松材线虫病异常变色木，平均精度为 80.85％。

3.2.4 病害图像数据集

通常需要执行额外的操作来增加数据集样本，因为更多的数据通常会提高模型的性能。尽管如此，收集大量数据是一项复杂的工作。已有的病害图像资源大多是图谱的形式，典型代表为潍坊科技学院李金堂编著的《蔬菜病虫害防治图谱》系列丛书，包含番茄、辣椒、黄瓜、苦瓜、西瓜等蔬菜的病害图像，但是这些图谱侧重于症状描述，对每种病害仅给出几张症状图片，不能用于深度学习建模。随着深度学习对数据量需求的日益迫切，电子版的病害数据开始出现，国外较为流行的当属在受控实验室背景下拍摄采集的 PlantVillage 数据集，但是该数据集中的病害图像都是简单背景的，非自然种植环境下采集到的。国内电子版病害图像数据集，做得较好的是中国科学院合肥智能机械研究所的农业病虫害研究图库（IDADP），每种病害图像达到几百乃至上千张，能够为深度学习识别提供基础数据资源，但该数据集以大田粮食作物为主。由于蔬菜种类繁多、病害图像采集难度大、地域差异明显以及学科交叉等，目前国内外尚无可供深度学习使用的自然种植环境蔬菜病害图像数据集。

3.2.5 已有研究局限性综述

尽管深度学习取得了巨大进步，但事实证明，在检测和识别蔬菜病害方面仍存在许多挑战。蔬菜病害很难在早期发现，会对生产造成负面影响。大多数病害出现在蔬菜的叶子上，并开始在整个蔬菜植株上传播。传统的病害识别方法可能会出现误判和药物滥用。这将给蔬菜产业带来更大损失，并增加环境污染。由于病害多样性使得深度学习在应用于现实生长环境时，往往会削弱所获得的结果，导致误诊。已有算法大多运行于实验室环境下，当应用于真实自然环境时，影响深度学习识别精度的因素会骤然增多，多数研究者只是简单讨论甚至忽略这些因素，深度学习算法的实际应用受限。Ferentinos（2018）展示了当复杂自然条件图像训练的网络模型用于识别受控实验室图像时，识别率从99％下降到68％，而当受控实验室图像训练的网络模型用于识别复杂自然条件下的图像时，识别率只有33％。这也说明，在自然种植环境下的图像数据集至关重要。

总体而言，病害识别仍然面临如下几个难点：

（1）实际应用中，农作物病害监测与预警防治的需求不仅在于病害种类的识别，更需要对病害进行精确定位。准确的定位信息可以方便病害统计，可以进行进一步病害分析，对于当前病害监测预警工作至关重要，同时可以为实时防治提供技术支持。但当前研究聚焦于病害分类识别，对于病斑定位的研究较少，这也为本书指明了研究方向。

（2）图像背景复杂。除了染病叶片外，图像可能包含其他元素，如枝、叶、土壤等，尤其是在自然环境下的图像，背景杂乱的同时还存在光照、角度差异等因素，且染病区域和健康区域不明确边界，病害特征可能出现在图像的任意位置，这些干扰因素会明显影响模型的性能。

（3）病害症状容易受到自然环境变化的影响，导致症状多变，肉眼难以辨认，发病规律复杂，检测难度大。同一种病害在不同的发展阶段有不同的特征表现，甚至长在不同位置的病害也会有不同的特征；不同病害会有视觉上相似的症状，且同一位置可能同时存在多种病害；难以区分染病区域和其他死亡的农作物组织，等等。因此，需要针对病斑特征不断对卷积神经网络模型进行改进优化。

（4）深度学习依赖于大样本数据集，而当前农作物病害方面公开数据集很少。农作物病害的发生具有很强的季节性和随机性，导致数据采集难度大，研究者通常通过对比不同的训练集和测试集比例、不同的网络模型寻求最优解决方案，但由于普遍采用的简单数据集，在复杂度上与真实自然场景相比差距较大，距离开发移动实时病害检测系统还存在较大差距。

3.3 自然种植环境病害图像数据集构建

依托山东寿光蔬菜之乡的地域优势，以我国北方地区种植蔬菜为例，以病害数量种类最多的果菜类蔬菜为典型研究对象，在深入分析病害致病机理的基础上，融合病害特征描述、病斑位置标注、感染程度定量、诊断预警提示等知识集，构建蔬菜病害图像大样本数据集。

3.3.1 数据采集方法

温室自然环境下获取的病害图像背景复杂，病害特征在图像中的位置是随机的，这样的图像样本集需要在自然种植环境下构建。

笔者所在单位潍坊科技学院自建有 3 个蔬菜基地，占地 164 亩，建设有 42 个温室大棚，果菜类蔬菜为常年种植蔬菜，在自然种植环境下采集病害图像（图 3-2）。由项目组中的蔬菜病害专家按照标准操作流程和规范，在不同时间、不同天气、不同温度、不同光照、不同角度下，使用数码相机、温室监控摄像机和智能手机等设备采集自然发生的病害图像，并人工筛选采集的图像，保证数据集中病害图像数据来源的质量和可靠性。采集到的病害图像背景中包含各种噪声和环境因素，如叶片、杂草和土壤等，以及不同光照情况等，适用于模型的实际应用，可为深度学习建模提供可信实验数据。

图 3-2　采集病害数据集图片的场地

3.3.2　数据预处理方法

在蔬菜病害图像识别之前，需要对获取的图像执行原始操作，消除一些背景噪声以获得精确的结果。蔬菜病害图像识别涉及多种预处理方法。本研究采用图像裁剪、大小调整、图像归一化和数据增强方法用于图像预处理任务。

3.3.3　数据标注方法

数据标注用于给海量图像添加标签，是描述感兴趣区域的过程，其标记图像数据集上的整个或特定部分，是一种用关键词标记图像的技术，这些关键词反映了图像的特征，并有助于使用简单的查询表示对相关图像进行智能检索。对于开发基于人工智能的模型，数据标注将有助于验证模型，以更好地预测。数据标注的主要目的是验证模型是否被正确检测、分类或识别图像。可以使用不同类型的标签，如多边形、长方体和边界框。数据标注可以手动完成，也可以自动完成。自动数据标注使用图片数据来训练学习模型，然后使用学习模型自动提供图像或语义标签。在自动数据标注中，学习模型在数据上进行训练，然后使用训练后的模型自动给出标签。在蔬菜图像数据的复杂情况下，自动数据标注将不能满足模式识别中的大多数困难问题，因此手动数据标注（包括专家和农民单独数据标注）将是有用的。可以使用各种工具进行手动注释。这些工具包括 V7、Data-Loop、SuperAnnotate 和 LabelBox 等高级工具，以及 CVAT、VIA、Im-gLab、LableMe 和 LabelImg 等免费工具。本研究选择 LabelImg 用于数据标注。

蔬菜领域的数据标注可以根据用户的要求对图像进行标注。从蔬菜植株、叶片、果实到土壤背景等，所有的物体都可被标注以用于后期的图像识别。

3.3.4　数据集样本描述

病害图片隐含许多有用的外部相关联的环境信息（例如作物信息、空间信息、时间信息等），这些信息可以辅助识别算法提高精度。每种蔬菜的频发病害种类一般都是固定的，其余都是不太常见的。基于以上考虑，为提高病害识别的精度，在识别时就考虑到温室采集的病害图片上包含作物种类信息，相应地，在构建病害数据集时，需按照蔬菜种类分别构建该蔬菜病害数据集，这样每种蔬菜的病害数据集就成了整个病害数据集的子集。

构建的数据集共包括茄果类、瓜类、豆类 3 种北方地区种植果菜类蔬菜的病害图像，包含病斑位置标注信息的 annotations. txt 文件，以及存储该病害特征描述、流行规律与诊断预警提示的 knowledge. txt 文件。以茄果类蔬菜中的番茄为例，番茄各病害类型的样本数量如表 3 - 2 所示。

表 3-2 番茄各病害类型的样本数量

病害类型	样本数量	标注样本的数量（边框）	边框样本百分比/%
早疫病	1 209	12 187	8.30
晚疫病	1 303	12 362	8.41
黄化曲叶病毒病	1 286	12 138	8.26
棒孢褐斑病	1 348	11 726	7.98
煤污病	1 287	13 025	8.87
灰霉病	1 263	12 184	8.29
叶霉病	1 377	12 399	8.44
脐腐病	1 106	12 026	8.19
卷叶病	1 198	11 734	7.99
花叶病	1 242	13 092	8.91
番茄斑潜蝇	1 228	11 580	7.88
温室白粉虱	1 153	12 459	8.48
合计	15 000	146 912	100.00

3.3.5 数据集特点描述

构建的数据集具有如下特点：主要采集的是番茄早期病害样本；这些数据是在实地获得的；病害目标尺寸大小不一；不同类型的病害症状细节相似。由此看来，在构建模型时，需要充分考虑细节、多尺度特征和空间位置等信息。

3.4 温室复杂背景下蔬菜病害图像识别方法

YOLO 是一种基于回归的技术，比基于区域建议的方法更快，通过将对象识别作为回归和分类问题来实现。第一步是识别图像中对象的边界框坐标，第二步是对在类中识别的对象进行分类。第一步和第二步是在一个步骤中完成的，首先将输入图像分割成一个单元格网格，然后确定每个单元格包含对象的边界框和相对置信度得分。

在 YOLO 基础上，提出了温室复杂背景下蔬菜病害图像识别方法，具体如下所述：

（1）YOLO - Dense 模型设计。借鉴了 Densenet 网络中特征复用的思想，改进 YOLOv3 中的 Darknet - 53 网络结构，进一步加强特征在网络中的传递，一定程度上保留待检测目标图像整体轮廓的原始信息，提升番茄病害小目标的识别。

（2）使用改进 K - 均值聚类算法进行锚框计算。针对本书自制中的番茄病害检测数据集，需要使用改进 K - 均值聚类算法重新计算锚框，降低初始点对聚类结果的影响，提高先验框（priors anchor）与特征图层（feature map）的匹配度，提高算法收敛速度，以适应番茄病害的检测任务。

（3）采用多尺度训练。针对 YOLO 模型在训练过程中输入图像大小过于单一的问题，网络训练过程中采取随机选择某一个尺寸作为输入的图像，实现多尺度训练，增强模型的泛化能力。

改进方案如图 3 - 3 所示。

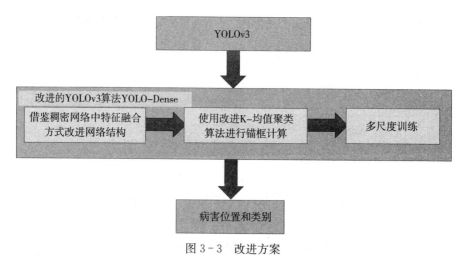

图 3 - 3　改进方案

3.4.1 YOLO-Dense 模型设计

YOLO-Dense 模型是一种基于 YOLO 算法的改进版本。它主要通过增加密集连接层（dense layers）来提高检测精度和速度。YOLO-Dense 模型将 YOLO 的骨干网络替换为一个包含密集连接层的网络结构。这些密集连接层可以将前一层的所有特征图与当前层的特征图连接起来，从而提高信息传递和特征提取的效率。YOLO-Dense 模型在保持 YOLO 快速和准确的同时，进一步提高了检测的精度和健壮性。

YOLO-Dense 模型如图 3-4 所示。

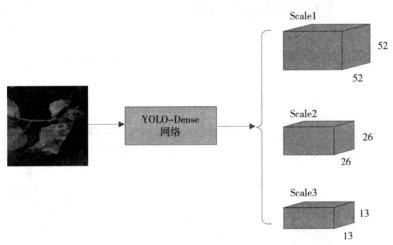

图 3-4 YOLO-Dense 模型框架

提出的 YOLO-Dense 模型如图 3-5 所示。

改进网络的密集模块的结构如图 3-6 所示，能够实现多层特征复用和融合，避免新增结构带来的计算复杂度。

在密集模块中：

$$x_l = H_l\{[x_0,\ x_1,\ \cdots,\ x_{l-1}]\},\ l=1,\ 2,\ 3,\ 4,\ 5 \quad (3-1)$$

式中，x_0 为模块的输入特征图，x_1 为第 1 层的输出，$[x_0,\ x_1,\ \cdots,\ x_{l-1}]$ 表示对 $x_0,\ x_1,\ \cdots,\ x_{l-1}$ 的串联，$H_l\{[x_0,\ x_1,\ \cdots,\ x_{l-1}]\}$ 是 BN（batch normalization，批归一化）的组合函数、ReLU（整流线性单元）

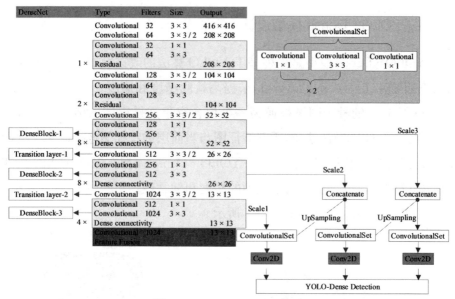

图 3 - 5　YOLO - Dense 模型

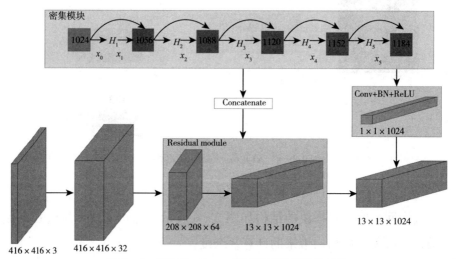

图 3 - 6　YOLO - Dense 模型的密集模块的结构

及卷积的组合函数，实现第 l 层非线性变换。

　　YOLO - Dense 模型使用 YOLO 检测层进行类别输出，采用 3 个不同预测尺度对不同大小的目标进行检测，不同预测尺度分别为 13×13、26×26 和 52×52。预测尺度输出特征图有两个维度是提取到的特征的维度，比如 13×13，还有一个维度是采用以下公式进行计算：

$$\text{dimensionality} = B \times (5 + C) \qquad (3-2)$$

式中，B 为每个预测的边界框的数量，C 为边界框的类别数。因此另外一个特征维度是 3×（5+6）=33。在网络的输出层，原始 YOLO 网络使用的 softmax 分类器对两类病害同时存在于同个网格的情况无法正确识别与定位，因此本书对每个不同的病害类别使用单独的 Logistic 分类器预测每个锚框属于特定类别的置信度，并用其取代原有 softmax 分类器。

3.4.2　使用改进 K-均值聚类算法进行锚框计算

传统的 K-均值聚类算法是一种常见的数据聚类算法，它可以将一组数据分成 K 个类别，使得每个数据点都属于某个类别，并且每个类别的中心点到该类别中所有数据点的距离之和最小。

在 YOLO-Dense 中，K-均值聚类算法被用来确定锚框的大小和比例。这种算法可以更好地适应不同类型和大小的目标，并提高检测精度。

具体来说，YOLO-Dense 首先从训练集中随机选取一部分样本作为聚类样本，然后使用传统的 K-均值聚类算法来将这些样本分成 K 个类别。每个类别的中心点被用作 Anchor Box 的大小和比例。为了适应不同类型和大小的目标，YOLO-Dense 使用了改进的 K-均值聚类算法，即在计算距离时使用了一种更加合理的度量方式。本书主要是小目标检测问题，重新进行聚类计算，可通过自定义的距离公式计算边框之间的相似度，自定义的距离度量公式如下：

$$d(\text{box}, \text{centroid}) = 1 - \text{IoU}(\text{box}, \text{centroid}) \qquad (3-3)$$

式中，centroid 为聚类时被选作中心的边框，box 为样本中标注的边框，IoU（box，centroid）为样本标注框和聚类中心框的交并比，即检测结果（detection result）与真实值（ground truth）的交集比并集，如公式（3-4）和图 3-7 所示。

$$\text{IoU} = \frac{\text{DetectionResult} \cap \text{GroundTruth}}{\text{DetectionResult} \cup \text{GroundTruth}} \qquad (3-4)$$

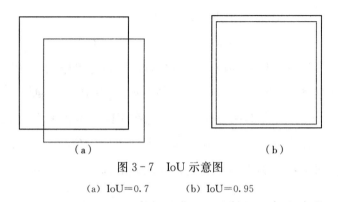

图 3-7 IoU 示意图

(a) IoU=0.7   (b) IoU=0.95

当 IoU 值最大时，即标注框和锚框匹配得最好，此时 d 最小，将标注框分配给该聚类中心。与 K-均值聚类算法相比，它采用初始中心点彼此尽可能远离的策略作为目标聚类平均重叠度的度量，使得聚类结果不受随机选择初始聚类中心点距离的影响，聚类出的先验框更贴近数据集的目标框。

令 $K = 1，2，\cdots，12$ 分别对数据集样本进行聚类分析，得到 IoU 与 K 之间的关系，如图 3-8 所示。

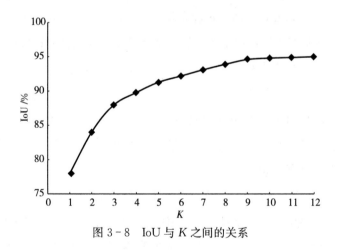

图 3-8 IoU 与 K 之间的关系

由图 3-8 可知，当锚点框数量为 9 时，平均交并比达到 94.6%，且此后变化平稳。为平衡交并比与网络复杂度，将 $K=9$ 的聚类结果作为网络中的锚点框尺寸，即 （52，20），（65，29），（73，32），（84，36），（89，40），（97，46），（109，58），（122，63），（136，71）。通过使用改进的 K -均值聚类算法，YOLO - Dense 可以更好地适应各种目标，并且可以提高检测精度。

3.4.3 多尺度训练

目标检测算法通常需要对不同大小和尺度的目标进行准确的检测，因此多尺度训练是一种常用的方法。提出的 YOLO - Dense 也采用了多尺度训练来提高检测精度。

在 YOLO - Dense 的多尺度训练中，模型会在不同的输入尺度下进行训练。具体来说，训练数据会被随机缩放到不同的大小，然后输入到模型中进行训练。这样可以使模型学习到不同大小目标的特征，并且提高检测精度。此外，YOLO - Dense 还使用了一种称为"特征金字塔"的技术来进一步提高多尺度训练的效果。特征金字塔是一种多尺度特征提取方法，它可以从不同层次的特征图中提取特征，并将这些特征级联起来。这样可以使模型对不同大小和尺度的目标具有更好的感知能力，从而提高检测精度。

多尺度训练过程如图 3 - 9 所示。

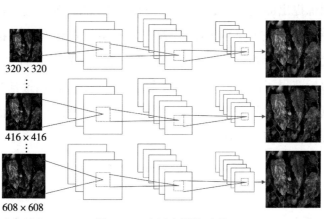

图 3 - 9　多尺度训练过程

提出的模型的多尺度训练结合特征金字塔技术，可以使模型更好地适应不同大小和尺度的目标，并且提高检测精度。

3.5 实验设计

3.5.1 实验环境配置

硬件配置型号和容量如下：

内存：64 GB

处理器：Intel Xeon（R）Silver 4 114 CPU @2. 20 GHz x 40

图形处理单元：NVIDIA Tesla T4

操作系统：Ubuntu 20. 04. 5 LTS

语言：Python 3

框架：TensorFlow

3.5.2 模型训练

在获取数据并与注释、训练和验证一起进行处理后将数据集传递给提出的算法。对于训练，选择不同的参数，如批量大小和图像分辨率。如果从头开始训练提出的模型，必须用一些随机权重来初始化它。因此，在模型训练中使用了预先训练的 COCO 权重，使用了默认的层和锚点，因为它节省了大量时间，并且使计算变得容易。使用预先训练的 YOLO 模型，在迁移学习后获得了最佳权重。在训练阶段完成后，使用最佳参数和权重来检测数据集上的对象（表 3 - 3）。最后，获得了预测标签的值和带有置信度值的边界框的测试图像。

表 3 - 3　部分实验训练参数设置

参数名称	参数值
Batch Size	64
Learning Rate	0. 000 1
Epoch	50 000

（续）

参数名称	参数值
momentum	0.9
factor	0.1

3.5.3 评价指标

番茄病害检测中各个类别的检测精度都很重要，误检和漏检都可能会造成病害防治不及时和广泛传播的风险。因此，评价指标的选择非常重要，具体如下：

$$P(\text{classes}) = \frac{TP}{TP + FP} \qquad (3-5)$$

$$R(\text{classes}) = \frac{TP}{TP + FN} \qquad (3-6)$$

$$AP = \int_0^1 P(R)\mathrm{d}R \qquad (3-7)$$

$$mAP = \frac{\sum_{i=1}^{N} AP_i}{N} \qquad (3-8)$$

式中，P 衡量模型将样本分类为阳性的准确性。其计算方法为正确分类的阳性样本数量与分类为阳性的样本总数之间的比率。R 评估其识别阳性样本的能力。识别出的潜在样本越多，召回率就越高。R 计算方法为正确归类为阳性的阳性样本与阳性样本总数的比率。真阳性（TP）是正确分类的 C 类样本，而假阳性（FP）是从其他类样本错误分类为 C 的样本。假阴性（FN）是被错误地归类为其他类别的 C 类样本，而真阴性（TN）是那些不属于被正确分类为其他对应类别的类别 C 的样本。平均精度均值（mAP）对应于每个类别的精度平均值，由精度/召回曲线下的面积给出。

以本书所检测目标中的灰霉病类别为例，式（3-5）和式（3-6）中 *TP* 表示检测模型将正确的灰霉病目标检测为灰霉病的数量，*FP* 表示误把其他类别的目标检测为灰霉病的数量，FN 表示误把正确的灰霉病目标检测为其他类别目标的数量。分别取召回率和精确率的值作为横坐标和纵坐标，绘制一条 $P—R$ 曲线，曲线下的面积即为 AP。对所有类别（类别的数量记为 N）求 AP 并取均值即为平均精度均值。mAP 是评估模型性能的重要指标，可以反映网络模型的整体性能，避免评价过程中出现某些类别性能极端化而弱化了其他类别性能的问题。

3.6 实验结果

3.6.1 不同分辨率图像下的算法性能对比

通过改变输入图像的分辨率为 320 像素×320 像素、416 像素×416 像素、544 像素×544 像素和 608 像素×608 像素，分别训练本书相应的模型。图 3-10 显示了在四种不同的图像分辨率下，本书提出的模型的 P-R 曲线，表 3-4 给出了其具体的检测评价指标结果。

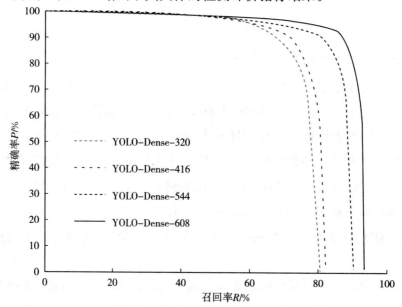

图 3-10　四种不同的图像分辨率下本书提出的模型的 P—R 曲线

表 3-4　不同分辨率下的算法性能

分辨率/像素	mAP/%	时间/毫秒
320×320	90.26	17.68
416×416	92.32	18.99
544×544	94.40	20.27
608×608	94.98	29.98

由表可知，不同分辨率图像下的算法性能都不错，模型的 mAP 值都能达到 90% 以上，单张图片的检测时间都能控制在 30 毫秒以内。但是，随着输入图像的分辨率增加，模型的 mAP 值上升，检测速度也随之下降，当输入分辨率为 608 像素×608 像素时，模型的单张图片检测时间增加到 29.98 毫秒，导致系统的实时性受到了影响。因此，需要对检测精度和检测速度进行权衡之后，选择合适的分辨率来进行番茄病害识别。

3.6.2　检测精度对比

为了验证所提出模型的性能，本节比较了各种基于 CNN 的目标检测算法，结果如表 3-5 所示。

表 3-5　检测精度（AP）对比（%）

病害类型	SSD	Faster R-CNN	原始 YOLOv3	YOLO-Dense
早疫病	85.46	91.35	90.84	94.71
晚疫病	85.67	91.22	90.67	94.68
黄化曲叶病毒病	84.78	91.17	89.98	94.28
棒孢褐斑病	85.19	91.08	89.69	93.98
煤污病	85.03	91.26	90.52	94.86
灰霉病	84.99	91.41	90.17	94.78
叶霉病	85.11	90.96	89.65	94.56
脐腐病	85.79	90.89	89.37	94.55

（续）

病害类型	SSD	Faster R - CNN	原始 YOLOv3	YOLO - Dense
卷叶病	84.98	90.71	89.44	94.48
花叶病	84.43	90.29	89.32	94.51
番茄斑潜蝇	79.12	86.31	85.38	92.37
温室白粉虱	78.01	80.58	79.69	91.89

可以看出，在这项研究中，提出的方法可以准确识别番茄病虫害。同时，可以观察到，当比较几种不同方法的检测结果时，所提出的方法更准确。与原始 YOLOv3 相比，本书提出的算法在 12 种类别检测目标的平均检测精度上都得到提高。分析其原因主要是原始 YOLOv3 网络直接将一幅图像分成 7×7 个网格，对每个网格预测 2 个框，并且每个格子只预测出一个物体。而本书数据集中不同类别的病害目标尺寸大小不一，极易造成定位不准确的情况。不仅如此，原始 YOLOv3 网络由于对每个预测框只检测为一个类，本数据集中病害目标密集情况较多，所以对相互靠得很近的番茄斑潜蝇，以及过小的温室白粉虱检测效果均不理想。

3.6.3 综合性能对比

在原始 YOLO 算法对番茄病害检测识别率低的情况下，提出的最新改进后网络结构 YOLO - Dense 在 8 000 次迭代时，模型得到其最优性能。综合性能对比如表 3 - 6 所示。

表 3 - 6 综合性能对比

算法名称	mAP/%	时间/毫秒	误检率/%	漏检率/%
SSD	84.32	25.69	1.38	1.29
Faster R - CNN	90.67	2 868.94	1.87	1.97
YOLOv3	88.31	21.18	1.05	1.14
YOLO - Dense	**94.14**	**20.28**	**0.61**	**0.96**

综上所述，相比于其他三种算法，YOLO‐Dense 算法在性能上有一定优势。模型更充分地使用低层次特征信息，提高了对小目标的检测率；密集连接减少了无用特征对模型的干扰，实现了特征增强，改善了遮挡目标的检测效果，提升了模型性能。实验结果证明了算法的有效性。广泛的研究表明，番茄病虫害是一个特别令人担忧的问题，提出的方法具有更高的 mAP 得分，优于其他检测器，平均精度达到了94.14％，且单张图片的检测时间仅为 20.28 毫秒，能够在具有挑战性的环境条件下保持令人满意的性能水平，能够用于复杂自然环境下番茄病害检测，具有在手持设备、边缘计算终端等系统中的应用潜力。

3.7 蔬菜病害识别系统的实现

3.7.1 蔬菜病害识别系统的总体结构设计

系统总体结构设计是紧跟系统分析之后的一个十分重要的环节。一个合理的系统设计就像一张好的图纸，只有在图纸的基础上才能开始有计划地建造房子。系统设计需要注意抽象、模块化、封装、模块独立、系统深度、系统宽度、模块扇出、模块扇入等问题，目的是增加系统的可读性、可维护性、可移植性，使系统结构清晰了然。各个模块是相对独立的，且都拥有该模块所需的特定子功能，系统的体系结构可用各个模块之间的相关性进行体现。

蔬菜病害识别系统的体系结构如图 3‐11 所示。该系统包括了用户登录、病害查询、病害图片识别、农业网站、系统管理、联系专家 6 个功能模块，能为当地蔬菜种植农户提供强大的病害信息支持，在被大量蔬菜种植户应用于实际的蔬菜种植过程中，能够预防和减少病害的发生，在一定程度上降低病害给种植户乃至蔬菜业带来的损失，从而实现蔬菜高质量高产量的目标。

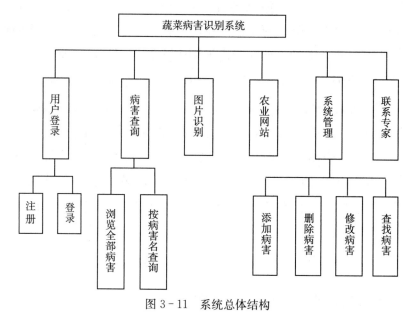

图 3-11　系统总体结构

3.7.2　蔬菜病害识别系统的数据库设计

蔬菜病害识别系统建设的一个重要步骤是数据库的设计与实现，只有建立了数据库，才能方便后续的研究与开发。数据库记录病害的资料和防治方法等信息，其E-R图如图3-12所示。

如图3-12所示，该数据库主要包括四个实体，分别是用户、病害、管理员、农业网站。

用户的基本属性包括用户名和密码。

病害的基本属性包括病害名称、图片、内容。其中，病害名称是对危害番茄健康的某种病害在农业研究领域的专业名称，图片为该种病害发病于某个部位的细节图片，内容则包括了病原物名称、危害部位、危害症状、防治方法等。病原物名称是指引发该种病害的细菌名称或者害虫名称，危害部位是描述该种病害主要发病于某个特定部位，危害特征则详细描述了该种病害一旦威胁蔬菜生长会表现出哪些病症，方便用户判断，最后给出针对该种病害的防治方法，包括农业防治、物理防治、生物防治、

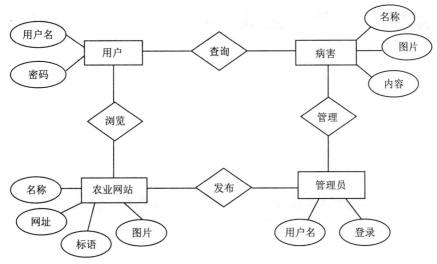

图 3-12　E-R图

化学防治等防治方案。

管理员的基本属性也同样包括用户名和密码。

农业网站的基本属性包括网站名称、网址、网站标志和图片、网站标语。

本系统将 MySQL 数据库作为数据存储平台，首先需要在 MySQL 里新建一个数据库（编程人员可以自定义数据库名），这里以 tomato 命名，分别在数据库 tomato 中新建数个数据库表，如 tb_chapter、tb_image、tb_link、tb_user 等，设置各个数据库表的主键和数据类型以及是否为空。

3.7.3　蔬菜病害识别系统的功能实现

3.7.3.1　用户注册登录模块

在用户使用本系统前，会进入到当前的登录界面，若用户为初始用户，则需要进行注册，在数据库中存储进自己的用户信息，再次使用时只需用注册信息进行登录，即可进入系统并使用本系统。

其页面效果见图 3-13 和图 3-14。

图 3-13 用户注册界面

图 3-14 用户登录界面

3.7.3.2 病害查询模块

这一模块包括按名称查询病害和浏览所有病害资料这两个部分，用户在搜索栏中输入相关病害的名称或部分关键字，则可直接查找到该条病害信息，点击阅读全文之后，便可以跳转至该条病害信息的详细资料页面进行浏览。若用户输入为空，系统将会提示用户重新输入。

用户也可以在病害查询的功能模块中选择浏览所有病害资料，点击任一条病害信息的"阅读全文"链接，都可跳转到特定病害信息的资料界面，资料中提供了病害信息的名称、病原体名称、发病症状、防治方法等一系列帮助用户识别病害的信息。

其页面如图 3-15 所示。

3.7.3.3 病害识别模块

病害识别模块是本系统的核心模块，当用户在图像上传模块中点击图像诊断按钮之后，后台会读取提交的图像路径，并调用模型进行预测。图

图 3-15　查询病害界面

库中收集了番茄各部位的发病图片，使用户在使用图片查询后能更直观地
了解相关的番茄病虫害。如果用户仅仅根据病害名称查询对应病害，可能
会出现误差或误判，本模块提供各种番茄病害的发病图片，用户可以上传
相关发病部位的图片至图库进行查询，系统会自动为其匹配到相关的病害
图片以及病害信息的链接。根据病害的发病特点和主要发病部位提供对应
的图片，使用户能够精准识别病害。

其页面如图 3-16 所示。

图 3-16　病害识别模块

我们不仅提供了识别结果和分类精度，还关联了病害查询模块，调用
与病害种类相关的知识，并在界面查询结果进行显示。

3.7.3.4 农业网站模块

用户进入此功能模块，可以浏览本系统收录的相关农业网站，收录的网站地址都是在国内具有权威性、专业性的农业信息网站，点击相关网站的链接图标即可跳转到相关网站的首页，根据需求搜索、浏览更全面的农业信息。

农业网站页面如图 3-17 所示。

图 3-17　农业网站页面

3.7.3.5 联系专家模块

这个模块对本系统进行了简单的概述，包括功能简介、使用说明、注意事项等信息，旨在方便用户理解本系统以及操作本系统。

在对系统进行了简要介绍之后，在页面下方给出了农业专家的邮箱联系方式，用户可以自行描述番茄病虫害信息并发送给农业专家，专家会对用户的问题进行一一回复和解答，为用户提供一个拉近与农业专家距离的平台。

联系专家页面如图 3-18。

图 3-18　联系专家页面

4 温室复杂背景下蔬菜采摘定位机器视觉关键技术

本部分介绍温室复杂背景下蔬菜采摘定位机器视觉关键技术，构建图像数据集，改进 YOLOv5 模型，验证改进模型的效果。

4.1 温室复杂背景下蔬菜采摘定位研究的意义

全国各地每年蔬菜的产量较大，全部依靠人工采摘是一种高成本低效率的作业。目前我国蔬菜种植采摘普遍使用传统模式，但随着城镇化规模不断扩大，我国也进入老龄化社会，致使农业劳动力减少，采摘所需劳动力缺口不断增大，并且采摘动作重复枯燥，劳动强度偏大，所需时间长，人们对实现自动化采摘的要求变得强烈。随着我国工业化的不断发展，使用传统的采摘方式已无法满足快速、高质量的收获要求。

基于上述背景，智能采摘机器人问世，它的出现极大地解决了劳动力不足、采摘作业成本高、采摘工作量大、采摘效率低等问题。为解决人工劳动力的紧缺，蔬菜采摘机器人越来越被广泛应用。但目前大部分采摘机器人尚处在研发阶段，距离实际应用仍有一定距离，比如机器性能不稳定、故障率高、易用性低等难题都亟待解决。目标的自动识别作为智能采摘的关键技术之一，首先就是要实现果实的自动检测识别，检测精准程度影响着采摘机器人的工作效率的高低，因此研究采摘系统的果实检测识别环节具有重大意义。温室自然环境中存在各种各样的干扰信息，使采摘机器人按照人们的意愿进行采摘，准确区分果实与枝叶、杂物并精准给出果实的位置信息仍然是亟须解决的问题。因此，自然环境下蔬菜的采摘定位是研究的重点与难点。

番茄是受人们喜爱的蔬菜之一。番茄是世界上收获量第二大的蔬菜，也是温室蔬菜中的佼佼者。在番茄种子研发、种苗培育、生产种植等相关领域的农学专家和科研人员的辛勤工作下，市场上诞生了各种各样口感好、营养价值高的番茄新品种，赢得了广大消费者的喜爱。在改良番茄品质的同时，市场对于番茄的需求量大幅增加。在过去的几十年里，由于番茄具有高产和全年稳定供应的优势，全球范围番茄种植有所增加，进一步扩大了番茄的栽培面积，从而使得番茄的采摘工作需要更多的人力和物力。虽然温室番茄的单位价值很高，但成本也很高，主要是由于劳动力成本。温室的人工操作占比高达50%。在温室总生产成本中，这些成本的很大一部分来自人工番茄采摘。因此，由于全球劳动力短缺和不稳定的工作条件，人工采摘番茄实际上是一项挑战。此外，农民需要在收获季节确保时间体力充足，因为这段时间的人力需求比平时更高。开发在温室中工作的采摘机器人总是具有挑战性的，因为机器人必须在非结构化环境中工作，并执行不确定的任务。在收获番茄的情况下，传感机制必须在不可预测的异质环境中检测存在各种干扰因素，包括茎、枝、叶。更重要的是，番茄可以在成熟的不同阶段收获，何时收获将取决于番茄的处理和使用方式。当地消费者的新鲜市场水果可以采摘红色的，而长途运输的水果应该在早熟时收获，颜色为绿色。准确识别和检测成熟的番茄是采摘机器人研究的一项关键技术，最近受到了相当大的关注。人工智能（AI）工具的使用极大地提高了番茄采摘机器人的性能，主要用于对在不同环境和生长条件下采集的图像进行番茄检测，如果实被叶或茎部分隐藏、成熟状态（着色）和光照条件。

在这样的大背景下，实现番茄采摘的智能化是大势所趋。因此以成熟番茄果实采摘作为研究对象，对果实识别、定位、采摘进行设计分析，从而实现番茄采摘自动化、智能化成为发展趋势。本书以温室复杂背景下蔬菜采摘定位作为研究对象，寻找一种能够更加准确、快速识别蔬菜果实的算法作为采摘机器人的识别算法，为采摘机器人提供蔬菜果实的位置、大小、成熟度等准确的特征信息，以实现蔬菜的自动化、智能化和标准化采摘。这一研究对提高蔬菜采摘效率、解决劳动力短缺和降低采摘成本具有极大的研究价值和现实意义。

4.2　前人研究现状及不足

4.2.1　采摘机器人研究现状

采摘机器人的问世标志着 21 世纪的农业已经向智慧化农业转变。为了促进农业智能化的发展，国内外针对这一技术已经展开深入的研究，主要有日本的番茄采摘机器人、荷兰的黄瓜采摘机器人、日本的草莓采摘机器人、英国的蘑菇采摘机器人、中国的果蔬采摘机器人等，这些采摘机器人都在一定程度上取得了相应技术成果。

1996 年日本研究团队针对番茄收获过程中出现的效率过低等问题，研发了一种自动收获番茄的机器人，并开发了一种有效的视觉算法来检测水果的位置，用于指导机器人收获番茄。通过识别并提取可见区域的光谱反射率，来提供高对比度的图像，用于水果簇的识别。这种基于视觉反馈控制的收获方法的成功率为 70%。荷兰农业和环境研究所自主开发的一种新型黄瓜自动收获机器人，采用了红外光学和视觉的方式来辨别黄瓜，由机器人的双臂收获成熟的黄瓜，该实验在温室中进行测试，每个黄瓜成功的收获周期为 65 秒，平均成功率为 74%。2008 年早稻田大学研究团队研发了一种能收获培养在桌面上的草莓，该机器由三个紧凑型彩色传感器和一个不带 CCD 摄像头的超声波距离传感器组成，通过颜色传感器来判断果实的成熟度，从而收获成熟的草莓。KONDD Noshi 等（2008）针对番茄果粒收获机器人的视觉系统设计了一种由两个相同彩色摄像机、四个带 PL 滤镜的照明设备和两个图像捕获板组成的机器视觉系统，该系统可以检测出番茄的茎、花和果实，从而有效地识别出番茄果实，成功识别率为 73%。张帆等（2020）设计了一种基于温室黄瓜采摘的机器人系统，该机器人能通过颜色信息区分出果实、茎和叶，有效地分割出黄瓜与背景，末端执行器集成了两个气动软体关节，最终实现无损伤抓持功能。

4.2.2　采摘定位检测识别技术研究现状

对于果实采摘机器人来说，果实的正确识别是果实定位技术的基础，只有果实被精确地识别出来之后，才能进行三维定位。传统的果实检测方法一般通过人工方式提取果实颜色、纹理及外观形状等特征，然后使用图像处理或浅层机器学习的方法建立分割和检测模型，如 Otsu 分割法、基于 SVM 的检测方法等，此类算法在复杂环境下的检测精度不高、检测较慢且健壮性和泛化性较差。

关于利用传统的目标检测算法来识别果实，国内外学者做了很多的研究，取得了一定的成果，但是其第一步通常会使用滑动窗口算法进行区域选择，这种算法存在大量冗余框，且计算复杂，导致检测较慢，效率不高。然后对候选区域进行特征提取，但传统检测方法对由人工提取出的特征过于依赖，而人工设计的特征提取器（如 SIFT、HOG 等）所包含的参数较少，具有一定的局限性，当果实表面由于光线或自然环境因素导致颜色不均匀或出现阴影、检测不同角度及不同形态的果实、果实存在遮挡重叠等各类复杂情况时，使得描述果实的特征发生明显变化，其检测精度会显著降低，甚至无法检测，健壮性较差。传统方法在精度上存在局限性，在很大程度上取决于人工提取的特征，只能适应某些特定的简单环境，很难移植到温室种植环境之中。由于检测不同种类的水果需要进行不同特征和算法的设计，使灵活性下降，泛化能力和普适性较差，难以满足采摘机器人在复杂环境下的实际工作需求。

随着深度学习技术的广泛应用，研究人员使用该方法在果实检测领域展开了研究。Yu 等（2019）引入了掩模区域卷积神经网络（Mask - RC-NN）用于草莓的识别与检测，采用 ResNet50 作为其主干网络，并与 FPN 网络结构结合提取特征，该方法在非结构化环境下，特别对重叠和遮挡以及在不同光照条件下的果实，具有较好的通用性和健壮性，但是网络结构复杂，实时性较差。刘芳等（2020）改进了通用的 YOLO 模型，更加关注对不同尺寸番茄的识别，有效提升了对番茄果实的检测速度和精度。Liu 等（2020）将传统的矩形边界框（R - Bbox）替换为圆形边界框（C - Bbox），改进了非极大值抑制 IoU 计算，并且采用了 DenseNet 的网络结构，可以更好地重用特征，在轻度遮挡条件下，对番茄的识别准确率可达 94.58%，但是对于遮挡较为严重的情况检测精度较差。Sun 等（2018）采用两阶段目标检测方法检测番茄，针对番茄的特点重新设计了锚框，实验证明该模型的精度较高，但是两阶段模型的实时性较差。

随着软硬件技术的进步和海量数据的积累，基于深度学习的目标检测的健壮性和泛化性大幅提高，对复杂环境适应能力更强，拥有良好的检测精度和检测速度，更容易应用于复杂场景，能更好地完成对复杂环境下果实的检测任务。

总体上，从全球和中国来看，蔬菜采摘定位相关技术已经进入快速发展阶段。蔬菜采摘定位与大田作物的智能农机装备有显著区别，由于蔬菜的典型特征，蔬菜采摘定位机器人及检测识别技术需要应用于小型的蔬菜基地。当前相关技术已通过实验室运行实现了高精度的检测与定位、无损抓取、无损采摘作业、自动装篮、自动转运，实现了全程的智能化，但是在落地实践中仍有一定的改进空间。

4.3　自然种植环境蔬菜果实图像数据集构建

4.3.1　数据采集

高效的番茄采摘机器人需要高效地检测采摘目标。常用的开源数据集中缺乏真实种植环境下的番茄数据。为了克服这一问题，本研究中使用的图像是使用数码相机（Sony DSC-W170）在位于山东省寿光市的番茄生产基地以 3 648 像素×2 056 像素的分辨率拍摄的。数据集是在各种环境条件下收集的，包括阳光、阴影、遮挡和重叠等。在不同条件下捕获的一些示例如图 4-1 所示。

图 4-1　一些具有不同生长环境的番茄样本
（a）单个番茄　（b）番茄簇　（c）遮挡情况　（d）重叠情况
（e）光照阴影情况　（f）阳光照射情况

为了验证所提出的方法，将数据集分为两个子集：训练集和测试集。训练集包含 725 张图像，测试集包括 241 张图像。本研究共使用 966 张图像。

4.3.2　数据增强方法

需要大规模数据集来提高深度学习模型的性能和结果。对于任何需要解决的问题，即数据有限的问题，可以应用数据增强方法来解决这个问题。深度学习模型可以通过数据增强方法变得更加稳健，数据增强用于增加图像数量，有不同类型的图像增强可用，如填充、裁剪、缩放、变暗、灰度、对比、添加噪声、翻转等。

为了避免模型在训练过程中过度拟合，本书中使用数据增强来模拟现实生活中的干扰并增强收集的数据集的丰富性。采用多种图像处理技术进行增强，包括水平翻转、垂直翻转、旋转 45°、高亮度、低亮度和饱和度变化，如图 4-2 所示。

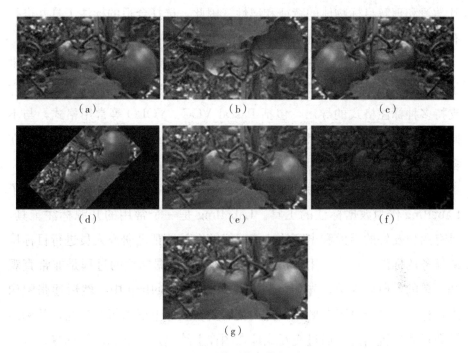

图 4-2 番茄图像的数据增强

(a) 原始图像 (b) 垂直翻转 (c) 水平翻转 (d) 旋转 45° (e) 高亮度
(f) 低亮度 (g) 饱和度变化

数据增强后，所得图像的总数如表 4-1 所示。

表 4-1 数据增强后的训练图像数量

图像处理	原始图像	水平翻转	垂直翻转	旋转 45°	亮度转换	饱和度变化	总计
数量	725	725	725	725	1 450	725	5 075

因为数据经历了增强的步骤，要想使测试集和训练集保持隔离状态，就要把训练集扩充到 5 075 张，241 张测试集不发生变化，然后开始训练。

4.3.3 数据标注方法

数据标注是目标检测任务中至关重要的一步，直接影响着模型的训练和性能。通过准确地标注数据集，可以为模型提供丰富的标注信息，帮助其学习和理解目标物体的特征和属性。因此，选择合适的标注工具并进行有效的数据标注，对于研究的准确性和可信度具有重要意义。

采用 LabelImg 工具进行数据标注具有多方面的优势。首先，它提供了直观的用户界面，使研究人员能够快速高效地完成标注任务。其次，它支持多种标注格式的导出，包括 Pascal VOC、YOLO 等常用格式，与不同的目标检测模型兼容性良好。此外，LabelImg 还具有跨平台性，可在多种操作系统下运行，为研究人员提供了更好的灵活性和便利性。

因此，在研究中，为了准确地标记图像中的番茄数量和位置，选择了 LabelImg 作为数据标注的工具。LabelImg 是一个常用的开源标注工具，具有用户友好的界面和丰富的功能，能够有效地帮助研究人员进行目标检测任务的标注工作。使用 LabelImg 工具进行数据标注的过程是非常直观和简单的。研究人员首先加载图像数据集到 LabelImg 中，然后逐张图像进行标注。对于每张图像，研究人员需要在图像上框出每个番茄，并标注其数量和位置信息。通过交互式地在图像上绘制边界框和添加标签，可以精确地标记出每个番茄的位置，并记录下其数量。

4.4 温室复杂背景下蔬菜采摘定位方法

YOLOv5 网络是 YOLO 系列算法的最新研究进展之一。尽管与 YOLOv4 网络共享网络结构，但它更小，运行和收敛更快，并且使用了轻量级算法。此外，它提高了精度。因此，在当前的研究工作中，YOLOv5s 算法被用于温室复杂背景下蔬菜采摘定位检测。YOLOv5 网络结构由四个部分组成：输入、主干、瓶颈和预测。网络可分为 YOLOv5l、YOLOv5m、YOLOv5x 和 YOLOv5s。它们的宽度和深度可能有很大差异，但它们的网络结构是类似的。YOLOv5s 的网络结构最短、最浅，运行最快、精度最低。因此，其他三种网络结构越来越深入和拓宽，准确性不断提高，运行速度下降。

YOLO 从 v1 到 v5 的发展历程中，其检测精度虽然也不断上升，可在某些复杂场景下进行目标检测存在误差，主要原因是在实际应用中当输入图像的尺寸较大时，对于一些比较小的目标感知不到，导致网络模型的检测性能下降。

YOLOv5 被选为初始模型有三个原因。首先，YOLOv5 将跨阶段部分网络（CSPnet）合并，从而创建了 CSPDarknet 作为网络的骨干，通过在特征图中实现梯度变化，减少模型参数和每秒浮点运算，达到确保推理速度和准确性的同时减少模型大小，解决了大规模骨干中梯度信息的重复问题。在蔬菜检测识别时，速度和准确性至关重要，而模型的大小会影响其在资源有限的边缘设备上的推理效率。其次，YOLOv5 使用了路径聚合网络（PAnet）作为其瓶颈。PAnet 使用一种新的特征金字塔网络（FPN）拓扑结构，并采用改进的自下而上的方法来改善低层特征传播。自适应特征池将特征网格连接到所有特征级别，确保来自每个特征级别的有意义的信息到达下一个子网络。PAnet 提高了较低层的精确定位信号，显著提高了物体的定位精度。最后，YOLOv5 的头部 YOLO 层生成三种不同大小的特征图，以提供多尺度预测，使模型能够处理微小、中等和大型对象。

接下来，对已有的 YOLOv5 进行改进，使其适应于蔬菜图像检测识别。

4.4.1 嵌入注意力机制的特征提取模块

人类的视觉注意力过程被称为注意力机制，专注于局部细节，屏蔽多余的细节。换句话说，由于注意力机制，网络能够在过多的数据中识别关键信息。通过添加少量计算，以这种方式增强网络性能。注意力机制来源于人类肉眼在看东西过程中对于某一特定对象的格外注意方式，机器视觉借鉴人类肉眼的这种注意方式，从而能够在检测识别图像的过程中过滤掉无关的背景特征，而将主要精力集中于关键特征。

注意力机制可以帮助网络更加关注关键元素，提高识别精度和识别效果。因此，将注意力机制纳入 YOLOv5 是有意义的。本研究引入了混合注意力机制（mixed attention mechanism，MAM）（图 4 - 3），以提高模型的性能。将原始 YOLOv5 算法特征提取网络中的 10 层网络变为 13 层网络（主干特征提取网络 CSPDarknet-53 的第 5 层、第 7 层、第 10 层的卷积层之间添加混合注意力机制模块）。

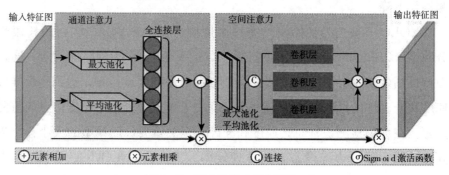

图 4-3　混合注意力机制模块

设 $F(i,j,z) \in R^{H \times W \times C}$ 为输入混合注意力模块的特征图，H 代表特征图的高度，W 代表特征图的宽度，C 为输入特征图的通道数，则 $i \in [1,H]$，$j \in [1,W]$，$z \in [1,C]$。

通道注意力机制表现更佳，这是由于其更为关注特征图中一些关键的目标表征信息，将非关键信息丢弃，保留关键信息，能够在一定程度上避免噪声干扰，从而达到精准检测识别的目的。

通道注意力模块中，首先将输入特征在空间维度上分别通过平均池化层和最大池化层压缩降维，突出通道域上的关键信息。其次将压缩后的特征图分别送入感知机层。最后把两个特征图结果叠加后送入激活函数，得到通道注意力权重 $W_1 \in R^{1 \times 1 \times C}$，如式（4-1）。

$$W_1 = \sigma(f_{\mathrm{MLP}}\{AT_{\mathrm{avg}}[f(i,j)]\} \bigoplus f_{\mathrm{MLP}}\{AT_{\mathrm{max}}[F(i,j)]\})$$

$$(4-1)$$

其中，σ 表示 sigmoid 激活函数，$\bigoplus$ 表示对应元素相加。AT_{avg} 和 AT_{max} 分别为平均池化层和最大池化层，如式（4-2）和式（4-3）。

$$AT_{\mathrm{avg}}[F(i,j)] = \frac{1}{H \times W} \sum_{i=1}^{H} \sum_{j=1}^{W} F(i,j) \qquad (4-2)$$

$$AT_{\max}[F(i,j)] = \text{argmax}\left(\sum_{i=1}^{H}\sum_{j=1}^{W}F(i,j)\right) \qquad (4-3)$$

f_{MLP} 是由自适应卷积层 $f^{1\times m}$ 和 ReLU 激活函数共同组成的感知机 (multi-layer perceptron)，如式 （4-4）。

$$f_{\text{MLP}} = \text{ReLU}[f^{1\times 1\times m}(A)] \qquad (4-4)$$

式中，A 为送入 f_{MLP} 中的特征矩阵，$f^{1\times 1\times m}$ 为一维卷积，由 m 个参数信息组成，m 和特征通道数 C 的关系如式 （4-5）。

$$m = \left|\frac{\log_2 C}{k} + \frac{b}{k}\right|_{Odd} \qquad (4-5)$$

由于通道维数 C 通常为 2 的倍数，因此采用以 2 为底数的对数函数来映射 f_{MLP} 中卷积核尺寸和特征通道数 C 的非线性关系，通过修改参数 b 和 k 可以灵活调整 m 的大小，Odd 表示当 m 为非整数时取最接近 m 值的奇数，这样可以保证卷积核的锚点刚好在中间，方便进行后续的滑动卷积，同时可以避免位置信息发生偏移。相比于全连接层，f_{MLP} 在保证捕获通道间交互信息的同时，极大地减少了模型参数，降低了对原始模块的速度影响。

通道注意力模块输出特征为 $F_C \in R^{H\times W\times C}$ ，如式 （4-6）。

$$F_C = W_1 \times F(i,j,z) \qquad (4-6)$$

空间注意力模块中，首先将输入特征图在通道域上分别通过平均池化层和最大池化层压缩降维，突出空间域上的背景和目标差异。其次将压缩后的特征图在通道域拼接。最后经过 $f_{\text{con}}^{7\times 7}$ 组成的卷积层调整通道深度后送入激活函数，得到空间注意力权重 $W_2 \in R^{H\times W\times 1}$ ，如式 （4-7）。

$$W_2 = \sigma(f_{\text{con}}^{7\times 7}\{AT_{\text{avg}}[F_C(z)]\} \oplus f_{\text{con}}^{7\times 7}\{AT_{\max}[F_C(z)]\})$$
$$(4-7)$$

式中，$f_{\text{con}}^{7\times 7}$ 表示大小为 7×7 的卷积核。

空间注意力模块输出特征为 $F_S \in R^{H\times W\times C}$ ，如式 （4-8）。

$$F_S = W_2 \times F_C \qquad (4-8)$$

最终在 YOLOv5 模型中使用 F_S 预测番茄果实目标的位置，通过对传递特征的筛选加权，增强了网络对番茄果实目标的学习能力。

4.4.2　多尺度特征融合模块

在番茄果实图像识别时，通过特征融合可以提高对小目标番茄果实识别能力。设计了一种新的多尺度特征融合模块（图 4-4），它解决了物体检测中的不同尺度特征难以提取的问题。目标检测任务不可避免地需要融合从主干提取的低级和高级特征图。传统的特征融合的本质是平等地对待每个特征图，但主干学习的特征有多个尺度，较大尺度的特征往往掩盖较小尺度的特征。因此，使用注意力机制对融合过程进行评分学习，增加对特征的局部关注，以缩短传递特征信息的途径，很好地处理多尺度特征融合。

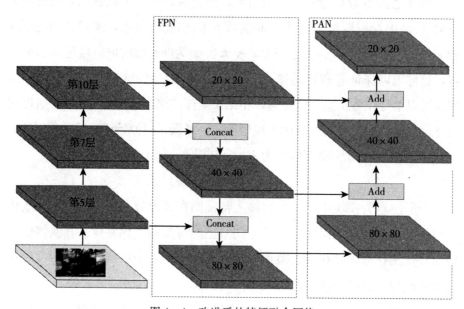

图 4-4　改进后的特征融合网络

4.4.3　后处理算法

YOLOv5 的边界框损失函数采用 GIOU_LOSS，由分类损失和回归损失两部分组成，分别使用二值交叉熵函数（binary cross entropy，BCE）和 CIoU_Loss 计算。番茄果实检测网络预测框生成后，需要对预测框进行筛选，YOLOv5 采用非极大值抑制（non max suppression，NMS）

的方式进行后处理。但是普通 NMS 只考虑重叠面积，如果遇到遮挡情况，经常会将相近的目标错误剔除掉。为达到提高模型定位精度的目的，对此不足之处进行改进，即采用 DIoU_NMS 进行后处理，首先定义 DIoU。

$$\text{DIoU} = \text{IoU} - \frac{d^2}{c^2} \qquad (4-9)$$

式中，IoU 为两框交集和并集比值，d 为两框中心点距离，c 为两框最小外接矩形的对角线长度。DIoU_NMS 的剔除机制计算公式如式 (4-10)。

$$s_i = \begin{cases} s_i, \text{DIoU} < \varepsilon \\ 0, \text{DIoU} \geqslant \varepsilon \end{cases} \qquad (4-10)$$

其中，s_i 为分类得分，ε 为 NMS 阈值。DIoU_NMS 除了考虑重叠面积，还考虑了预测框之间的中心点距离，可以更加准确地对预测框进行筛选。

基于上述研究，改进的 YOLOv5 的总体框架如图 4-5 所示。

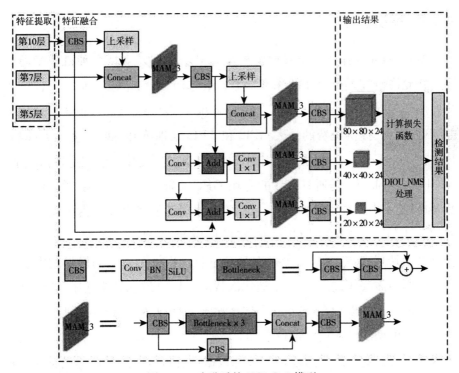

图 4-5 改进后的 YOLOv5 模型

4.5 实验设计

4.5.1 实验环境配置

硬件配置型号和容量如下：

内存：64 GB

处理器：Intel Xeon（R）Silver 4 114 CPU @2.20 GHz x 40

图形处理单元：NVIDIA Tesla T4

操作系统：Ubuntu 20.04.5 LTS

语言：Python 3

框架：TensorFlow

4.5.2 模型训练

TensorFlow 作为一个开放的框架，易于扩展，支持多种机器学习算法，并允许研究人员对新的深度学习算法进行实验和测试。因此，模型训练使用了 TensorFlow r1.15.0。在 Google Colaboratory（Colab）笔记本电脑中运行，提供免费的强大 GPU 和 TPU 来训练和推断深度学习模型。每次初始化 Colab 会话时，可用的 GPU 都会发生变化，但在这种情况下，NVIDIA Tesla T4 是所有会话的专用 GPU。为了进行基准测试，使用了 TensorFlow 中的预训练模型。为了微调预训练的模型，考虑了预训练管道的默认值，根据可用 GPU 的容量调整批量大小。所有训练持续了50 000 个迭代次数，每 50 个批次都会进行一次评估。不同模型的实验证明，它们不需要超过 50 000 个迭代次数就可以收敛到解空间中的最佳解。在某些情况下，模型在 30 000 个迭代次数之后收敛。每 50 个批次遵循预先训练的模型所使用的标准值。如果评估损失开始增加，而训练损失减少或保持不变，则深度学习模型与训练数据过度拟合。这种情况没有发生在任何经过训练的模型上。

4.5.3 评价指标

采用平均精度 AP 作为模型检测目标的精度评估指标，AP 值越大，说明模型的检测效果越好；采用推理时间作为模型检测速度的评估指标，用时越短，说明检测越快。指标计算公式如下：

$$P = \frac{TP}{TP + FP} \qquad (4-11)$$

$$R = \frac{TP}{TP + FN} \qquad (4-12)$$

$$AP = \int_0^1 P(R)\mathrm{d}R \qquad (4-13)$$

式中，TP 为被正确识别出的目标个数；FP 为被错误识别出的目标个数；FN 为未被识别出的目标个数；P 为准确率，表示了被检出目标中真实番茄果实所占的比例，反映了检出结果的准确性；R 为召回率，表示所有真实番茄果实目标中被正确检测出来的比例，反映了检出番茄果实的数目是否齐全。

4.6 实验结果

4.6.1 番茄果实检测结果

从测试集中随机挑选图片来演示实验结果，实验结果如图 4-6 所示，描述了使用所提出的方法的检测性能。可以观察到，提出的方法在不同的情况下表现良好，提出的方法能够减小遮挡会对检测器构成的威胁，可以区分具有多种背景、果实重叠遮挡、光照条件的各种番茄，可以用于可靠地检测任何情况下的番茄果实。

4.6.2 消融实验结果

这里介绍的消融实验用于证明提出的模块的有效性，以更好地验证

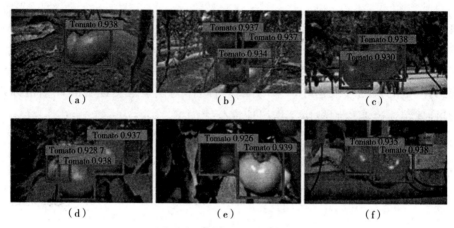

图 4-6 番茄果实检测结果

（a）单个番茄 （b）番茄簇 （c）遮挡情况 （d）重叠情况

（e）光照阴影情况 （f）阳光照射情况

各模块设计的必要性。为验证提出嵌入注意力机制的特征提取模块 MAM 和多尺度特征融合模块 MFFM，以及采用 DIoU _ NMS 的后处理算法的有效性，进行消融实验来评估不同模块在相同实验条件下对目标检测算法性能的影响。以改进之前的网络为基准，利用本研究自建的数据集，将改进模块视为 3 个实验变量进行一系列消融实验，评估结果如表 4-2 所示。

表 4-2 消融实验结果

方法	嵌入注意力机制的特征提取模块 MAM	多尺度特征融合模块 MFFM	采用 DIoU _ NMS 的后处理算法	平均精度/%	检测速度/（帧/秒）
1	×	×	×	85.1	81
2	√	×	√	89.9	79
3	×	√	√	92.3	78
4	√	√	√	**93.7**	75

注：表中×表示未添加相应模块，√表示添加相应模块，加粗字体表示指标结果最优。

可以看出，嵌入注意力机制的特征提取模块和多尺度特征融合模块对目标检测指标提升有较大贡献，主要是因为原始算法主干网络对尺度较小的目标特征提取能力不足，从主干网络流向高低层级特征融合网络的特征有效性降低，使得融合后的小目标特征不明确，造成模型检测性能下降。引入注意力机制使目标检测结果更加准确，聚焦目标显著特征，抑制背景噪声干扰，使得模型最终的检测精度更高。同时，DIoU_NMS 后处理算法能够有效改善遮挡重叠条件下的番茄果实检测效果。总体而言，本研究提出的 3 个改进的模块都可以提升番茄果实的检测效果，并且 3 个模块组合的检测效果最好，验证了设计的模型的合理性。

4.6.3 主流算法对比实验结果

主流的目标检测算法包括但不限于表 4 - 3 中所列的算法。这些物体检测器代表了当前领域的最先进技术，并在目标检测任务中取得了显著的成果。通过与这些方法比较，旨在评估提出的方法在性能上的优劣，以及其在实际应用中的潜力和适用性。

表 4 - 3　主流算法对比实验结果

算法	平均精度/%	检测速度/（帧/秒）	网络大小/MB
提出的算法	93.7	75	341
YOLOv5	85.1	81	332
YOLOv4	84.3	80	340
SSD	83.9	70	408
Faster R - CNN	86.2	9	297

由表 4 - 3 可知，提出的算法检测效果达到最佳。由于提出的算法引进了嵌入注意力机制的特征提取模块和多尺度特征融合模块，采用 DIoU_NMS 后处理算法，增强网络的特征复用，提取的特征更为详细，保证了模型在检测精度提高的同时，模型参数数量没有明显增加，与原 YOLOv5 算法相比，在保持较高检测速度的同时，平均精度 AP 提高 8.6%。本文介绍的算法在精度和速度上都取得了较好效果，可很好地用于番茄采摘机器人的定位检测。

5 面向商超应用的蔬菜智能称重机器视觉关键技术

本部分采用机器视觉技术进行蔬菜智能称重，检测识别智能称重过程中蔬菜的类型和重量，开展蔬菜智能称重机器视觉关键技术研究，提出蔬菜智能称重中机器自主实时检测的技术与方法，为蔬菜识别算法尽快运用到实际生活中提供技术支撑，推动蔬菜交易实现智能化。

5.1 面向商超应用的蔬菜智能称重系统应用的意义

在机器视觉技术在各行各业广泛应用的今天，在商场超市领域，机器视觉解决方案也比以往得到了更大的重视。在蔬菜交易流通过程中，一般依赖于人工判断蔬菜的类别、等级，以此进行分类称重并定价，这就导致在蔬菜交易繁忙的时间节点造成大量的排队拥堵问题，还会浪费大批的人力成本，与当今的智能化生活理念相背离。商场超市工作人员试图利用机器视觉技术辅助蔬菜智能称重，代替传统的人工称重的费时费力的劳动，提高蔬菜称重效率，降低聘请称重营业员的人工成本。然而，现有的智能称重算法和模型仍然处在实验室验证过程之中，距离面向商超应用还有一定距离。因此，本章旨在介绍面向商超应用的蔬菜智能称重方法，为无人超市、无人售货、智能称重贡献前沿理论和算法。

随着互联网的发展和智能手机的普及，支付宝、腾讯等互联网企业相继推出了扫码支付的方式。这种方式自推出以来就以其方便快捷的特点迅速占领市场。之后，各互联网公司又相继推出更具有科技感的指纹支付和人脸识别支付。科技的每一次进步都推动着购物方式的改变，最终提高人们的生活效率和生活质量。与此同时，在智能购物、智能售货柜、智能称重等成为大势所趋的新形势下，蔬菜的智能检测识别技术亟待研发。当前各商场超市蔬菜的购买、称量、结算过程中时刻需要人工的参与，给蔬菜市场管理带来了严峻的挑战。

然而，目前线下购物方式依然是购物者和收银员进行对接，在支付方式的转变过程中，本质还是没有改变。这样的交易方式是否也可以伴随着科学技术的发展得到提升呢？目前在大型超市已经有了一些改进，相继推出了自助结账系统。自助结账系统可以通过增加自助购物机的方式减少排队现象，提高购物效率，同时降低超市在人员投入上的成本。自助结账系统需要每一件商品都有条形码，对于整装产品，在厂家生产时就已贴好条形码，可以直接扫描结账；但是对于散装商品，就需要在挑选完成后由专门的称重员进行人工称重贴码，而由于人工成本比较高，无法设置多个称重点，这就导致了高峰期拥挤排队的问题，非常不利于自助购物的发展。

针对这一问题，部分大型超市推出了智能称重系统，购物者将商品放置在称重台，之后在系统界面选择所称重的商品，系统就会打印对应的条形码，再由购物者进行最后的贴码操作，即可完成了一次智能称重。这种自助购物方式降低了超市的人工成本，但还存在一些问题：超市的蔬菜品种较多，有的有100多种，显示屏上不可能全部展示，需要做成分页，上百种蔬菜需要分四五页，需要购物者一页一页地去查找，如果出现遗漏则还需重头查找，这将导致单次称重时间花费更长，并且操作过程过于烦琐，不适合老年人，因此这样的自助系统目前还没有完全推广开。

综上所述，目前现存的蔬菜称重系统——专人称重系统和半智能称重系统，很难满足购物者们对方便快捷购物方式的追求，因此设计并开发一款操作简单、高效、智能、准确的蔬菜智能称重系统是非常有必要和有价值的，它可以弥补现阶段市场上该领域的不足。为了缩减消费者手动选择所称蔬菜品种所需的时间，考虑用深度学习的相关算法，让计算机去识别顾客所称重的蔬菜，这样就可以把原来需要花费几十秒的操作缩减在数秒以内。同时为了降低系统的学习成本，扩大基于目标检测的蔬菜智能称重系统面向的用户人群，系统在设计上将原来烦琐的操作步骤简化为一键式操作，真正实现简单、高效、快捷的智能称重。

5.2　前人研究现状及不足

蔬菜图像识别是指通过机器视觉技术，对蔬菜图像进行分析和识别，从而实现对蔬菜的自动化处理和分类。因此，需要研究蔬菜图像识别方法以满足实际应用需求。蔬菜图像识别可以帮助商家对蔬菜进行检测，进而完成分类、称量、结算等任务，这能给顾客带来良好的购物体验，具有较大的实用价值。下面从蔬菜识别传统方法、蔬菜识别深度学习方法以及蔬菜智能称重设备 3 个角度进行介绍。

5.2.1　蔬菜识别传统方法研究现状

传统的蔬菜图像识别包括两个步骤：蔬菜图像特征提取和分类模型训练。其中图像特征提取和选择是食品图像识别的关键。手工特征包括从简单的颜色、纹理、形状、边缘、空间关系等特征到 SIFT 和 HoG 等。基于手工特征的蔬菜图像识别方法可进一步分成两种，一种是仅仅使用单一手工特征来进行识别，另一种则是融合不同手工特征进行识别。对基于单一手工特征的蔬菜图像识别，颜色和纹理等视觉特征被应用到蔬菜图像识别。早期的工作采用一些简单的图像处理方法提取颜色、纹理或形状等特征进行蔬菜图像识别。最早在 1996 年，Bolle 等（1996）提出了蔬菜识别系统 VeggieVision，用于超市等场景的蔬菜结算。之后由于蔬菜图像识别的广泛应用而受到越来越多的关注。考虑到不同手工特征之间的互补性，大多数方法融合不同类型的手工特征来改进蔬菜图像识别性能，各种集成学习方法被广泛应用于不同特征之间的融合。Pornpanomchai 等（2010）融合多种手工特征和分类器进行蔬菜识别。

5.2.2 蔬菜识别深度学习方法研究现状

由于深度学习技术在各行各业大展身手，研究人员试图将深度学习应用于蔬菜领域，蔬菜图像识别的相关研究逐渐多了起来。Hou 等（2017）发布了蔬菜数据集 VegFru，包括 292 类蔬菜和超过 160 000 张蔬菜图片，较大规模蔬菜图像识别基准数据集的发布推动了蔬菜图像识别技术的迅速发展。Poojary 等（2017）将传统的计算机视觉与深度学习图像识别联合，实现了对蔬菜种类进行在线的识别，识别后能在数据库中调出蔬菜的单价进而在线计算蔬菜的价格。

一些研究人员在蔬菜图像数据集上对已有的模型实施微调策略。Zeng 等（2017）则通过微调 VGG 网络提取视觉特征进行蔬菜识别。Zhu 等（2018）通过微调 Alexnet 网络提取视觉特征实现蔬菜识别。Lvarez - Canchila 等（2020）通过训练卷积神经网络，将用于蔬菜分类的预训练模型的参数作为卷积网络的新初始参数，实现迁移学习，与使用随机初始权值训练的相同模型相比，实现了分类精度的提高，最终分类准确率为 98.12%。

一些研究人员基于现有的 CNN 方法进行改进。例如，Khurram Hameed 等（2018）面向农业领域阐述了蔬菜识别技术，探讨了基于现有的 CNN 方法进行改进的蔬菜识别方法，总结了蔬菜识别的相关应用和发展前景。Sakai 等（2016）采用改进的 CNN 进行蔬菜分类。Steinbrener 等（2019）使用改良的 Google Net 对水果和蔬菜进行分类。Li 等（2020）采用改进的 VGG 进行蔬菜分类。

一些研究工作则是面向边缘设备的蔬菜图像识别。例如，马越（2018）提出了一个基于安卓手机的移动端蔬菜检测与分类系统。Liu 等

（2019）提出了一种新颖的边缘计算系统 EdgeVegfru，用于蔬菜图像识别，该系统能在有限时间和计算资源内表现出出色的识别性能，可应用于自助超市和零售业等应用场景。Chen 等（2019）提出了一种基于计算机视觉的果蔬智能结算系统，采用基于更快的 R-CNN 算法构建了果蔬检测模型，改进了锚窗口大小，并对果蔬识别模块进行了训练，果蔬品种的识别率可达 91.27％以上，单个商品的结算时间约为 5 秒，是人工结算时间的 1/6。Dey 等（2020）提出了 FrootVegCNN，用于在移动系统中对水果和蔬菜进行分类，评估了与现实移动平台（华为 P20 Lite 和三星 Galaxy Note 9）中流行的最新 CNN 模型的功效，实验结果显示提出的 CNN 架构具有较好的应用效果。

一些研究工作则采用最新的目标检测方法实现蔬菜图像识别。魏宏彬（2020）改进了 Faster RCNN 和 YOLOv3 算法，采用自上而下和自下而上的结构将高低层特征融合，加快了蔬菜识别，把 YOLOv3 算法中的边框回归损失函数改为了 DIoU，提高了识别的精度。卢范（2020）改进神经网络，引入径向基函数模型并对蔬菜的形状、纹理和颜色进行识别实验，实验结果显示该模型对蔬菜图像的形状特征识别准确率达 97.56％。Chen 等（2021）提出的蔬菜分类包括两个阶段：第一阶段，使用 RFN 提取特征；第二阶段，利用支持向量机对 RFN 提取的特征进行分类，准确率为 99.955％。这些方法由于未采集实际应用场景下的数据集，很少分析考虑蔬菜图像自身的特点，因而蔬菜识别任务还有较大的研究空间。

5.2.3 蔬菜智能称重设备研究现状

现阶段，在蔬菜交易中广泛使用两种称重方式，一种是全人工方式，一种是半自动方式（图 5-1）。全人工方式见图 5-1 的左边，营业员负责判断蔬菜的种类和价格，完成称重定价工作，最后打印价格标签；半自动方式见图 5-1 的右边，由蔬菜购买者负责将蔬菜放置到称重设备，并判断蔬菜的种类和价格，根据自己的判断在称重设备上点击相应的按钮，完成称重定价工作，最后打印价格标签。

图 5-1　蔬菜交易中广泛使用的蔬菜称重系统

　　第一种方式必须依赖于营业员的人工操作，要求营业员能够对几十甚至几百种蔬菜的种类、价格等信息烂熟于心，操作过程中耗费大量的脑力和体力，甚至在有些情况下由于营业员的专业水平或者过度疲劳导致称重出现误差，总体称重效果不佳。第二种方式依赖于半智能的蔬菜称重设备与蔬菜购买者的共同相互配合操作来完成，由蔬菜购买者结合自己的常识和经验点击相应的按钮，让蔬菜称重设备进行称重，能够在一定程度上降低劳动力成本。然而，也存在一些缺点，即蔬菜购买者可能不会使用称重设备，不会点击称重设备上面的按钮，导致浪费一定的购买等待时间。由此看来，当前蔬菜交易中常用的蔬菜称重设备仍然存在巨大的改进空间，仍然需要一种成本低廉、操作智能的蔬菜智能称重设备。在机器视觉在各行各业大显身手的智能化时代，有必要在蔬菜智能称重设备中融入先进的机器视觉技术，从而推动蔬菜称重的智能化发展。

5.2.4　国内外研究现状述评

　　通过前述可知，虽然机器视觉技术在蔬菜全产业链领域已经有了一定的应用，然而，机器视觉技术在蔬菜智能称重领域的研究仍凤毛麟角，已有成果仍处于实验室验证过程之中，在一定程度上能够促进蔬菜称重的智能化，节约蔬菜交易流通过程中称重的劳动力成本。但是，在无人超市、无人购物等新兴服务形式蓬勃发展的今天，也要求蔬菜称重变得更加智能、更加实时、更加精确，这要求研究人员进一步加强机器视觉技术在蔬菜智能称重中的应用研究，研发出可靠性更高、健壮性更好、精确度更高、实时性更强的蔬菜智能称重算法和模型。具体来说，未来蔬菜智能称重领域仍需加强如下 3 个方面的研究：

（1）促进跨学科交叉融合。考虑到蔬菜智能称重除了涉及机器视觉领域的学科专业知识之外，还涉及农业领域、蔬菜领域、食品健康领域的专业知识，因此，蔬菜智能称重是一项跨学科的系统工程。与智能制造领域不同，蔬菜全产业链的智慧化转型升级本身就存在非常明显的跨学科交叉融合的特征，蔬菜自身存在农业科学和生命科学的本质特征，将机器视觉技术生搬硬套到蔬菜智能称重之中很难取得理想效果，因此，尤其要重视蔬菜农学特征、生物特征的跨学科研究，在研发机器视觉模型和算法中充分考虑到蔬菜的自身特点，切忌模型算法的随意套用。研究视角的单一会导致诸多研究领域在落地实践中困难重重，因此，应该改变单一的研究视角为跨学科交叉融合的研究视角，联合机器视觉领域的研究人员与农业领域的研究人员，促进不同高校、不同科研机构、不同行业企业之间的相互协同攻关研究，确保蔬菜智能称重算法和模型的实用性。

（2）构建真实环境下的蔬菜数据集。机器视觉技术的性能能否达到最优与数据集的多寡是密不可分的，必须高度重视数据集的采集和构建工作。由于当前现有的蔬菜数据集大多都是简单背景下采集的，仅有少数研究人员使用了真实环境下的蔬菜数据集，但是这些少数的数据集并没有开源免费使用，导致现有的真实环境下的蔬菜数据集仍然极为稀缺。而真实环境下的蔬菜数据集的采集和构建是非常耗费精力的，尤其对于机器视觉领域的研究人员来说还需要掌握蔬菜领域的专业知识，以尽量避免蔬菜数据采集过程中的失误。虽然当前流行的数据增强技术能够在不改变蔬菜图像种类的情况下实现数据的扩充，但是，蔬菜称重领域仍然需要海量真实环境下的蔬菜数据，而且对蔬菜的种类和数量也有一定的要求，至少要求几千至几万帧原始清晰图像。与此同时，对于采集的蔬菜数据需要进行标注，也需耗费一定的时间。由此看来，构建真实环境下的蔬菜数据集的重要性不容忽视，下一步应结合蔬菜领域研究的具体需求协同多个学科统一构建真实环境下的蔬菜数据集，供相关领域的研究人员免费使用，为开展跨学科、跨机构的协同科研攻关提供坚实的数据支撑，规避数据的不可使用性和实验的不可重复性。

（3）在机器视觉模型构建中充分考虑到蔬菜自身的特点。当前机器视觉技术在各行各业已经显示出极高的检测识别精度和极高的检测识别速度，在蔬菜智能称重领域理应不难取得良好的检测识别效果。然而，现有的蔬菜检测识别算法只是在实验室条件下产生了一定的成就，距离商用仍然严重不足，很难应对蔬菜交易中的各种真实复杂环境，产生这一现象的根源在于蔬菜与其他物体不同，蔬菜存在自身的特点，不同种类的蔬菜之间存在一定的相似性，同一种类的蔬菜之间在具体外观上也存在着一定的差异，与此同时，采集的蔬菜数据在放置时会以不同的位置、方向呈现在称重设备面前，真实的称重环境也存在光线的不同、场景的不同，等等。当前蔬菜交易中已经在使用的机器视觉模型较为复杂，导致推理时间过长，进一步延长了蔬菜称重的时间。未来研究需要在机器视觉模型构建中充分考虑到蔬菜自身的特点，对于机器视觉模型进行反复消融实验，并进行模型压缩，使模型适用于蔬菜智能称重设备，提高模型的精确度和处理速度，让蔬菜超市交易双方获得更好的称重体验。

5.3 面向商超应用的蔬菜图像数据集构建

5.3.1 数据采集

为了满足深度学习模型训练的要求，需要有代表性的具有数百或数千个图像的大型数据集。考虑到当前技术中面向商超应用的蔬菜图像识别技术凤毛麟角，造成已有数据集很难全面覆盖各种各样的蔬菜种类，同时很难体现出超市中各种不同的光线条件下的蔬菜特点，所以，广泛深入调研蔬菜交易过程中的各种蔬菜类型，并且参考网络中已有的数据集（网址：https：//www.kaggle.com/kritikseth/fruit－and－vegetable－image－recognition），筛选常见蔬菜作为研究目标，以此为来源建立数据集。

本实验建立的数据集具体涵盖了24种蔬菜的图像：黄瓜、胡萝卜、辣椒、洋葱、马铃薯、柠檬、番茄、小红萝卜、甜菜根、卷心菜、生菜、菠菜、大豆、花椰菜、甜椒、萝卜、玉米、甜玉米、红薯、辣椒酱、生姜、大蒜、豌豆、茄子。

数据集包含三个文件夹：训练集（每个类别文件夹包含100张图片）、测试集（每个类别文件夹包含10张图像）和验证集（每个类别文件夹包含10张图像）。上述每个文件夹都包含不同蔬菜的子文件夹，其中显示了相应类别的图像，防止产生特定类型的蔬菜较多或较少的情况，导致模型训练或测试的不准确。

5.3.2　蔬菜图像标注

在真实蔬菜称重操作环节中，各种人工误操作问题时有发生，比如，有些蔬菜购买者可能会把不同种类的蔬菜同时放到蔬菜称重设备上，但这些不同种类的蔬菜的定价相差很大，这种操作显然是错误的。所以，蔬菜智能称重设备必须精准检测识别出放置到设备上的各种蔬菜类型，在识别到存在不同种类的蔬菜放置到称重设备的情况下，及时给予友情提醒，通过这种方式来规避错误的蔬菜称重行为。在具体算法模型构建中，本实验选择了目标检测模型。

使用LabelImg软件对图像进行注释，该软件生成json注释文件并将其转换为文本文件（.xml）。标记目标的类型和数量、标记图像的标准宽度和高度以及中心点的坐标都可以在文本文件中找到信息。蔬菜图像标注如图5－2所示。通过蔬菜图像标注，标注出不同种类的蔬菜类型，为算法模型的精准识别奠定数据基础。

蔬菜图像标注的存储层级如图5－3所示。其中annotations放置蔬菜标注文件，images存放划分好的训练集、验证集和测试集，最终构建出适

IMG 0002.xml	IMG 0025.xml	IMG 0048.xml
IMG 0003.xml	IMG 0026.xml	IMG 0049.xml
IMG 0004.xml	IMG 0027.xml	IMG 0050.xml
IMG 0005.xml	IMG 0028.xml	IMG 0051.xml
IMG 0006.xml	IMG 0029.xml	IMG 0052.xml
IMG 0007.xml	IMG 0030.xml	IMG 0053.xml
IMG 0008.xml	IMG 0031.xml	IMG 0054.xml
IMG 0009.xml	IMG 0032.xml	IMG 0055.xml

图 5-2　蔬菜图像标注

用于机器视觉模型实验的蔬菜图像数据集。

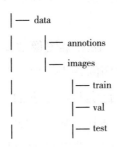

```
|── data
|     |── annotions
|     |── images
|              |── train
|              |── val
|              |── test
```

图 5-3　蔬菜图像标注的存储层级

5.3.3　蔬菜图像识别实验平台

蔬菜图像识别实验平台（图5-4）类似于其他机器视觉图像识别模型。蔬菜图像的识别主要包括两个阶段：第一阶段，通过摄像头采集待称重的蔬菜图像信息；第二阶段，将摄像头采集到的蔬菜图像数据传输至实验设备，为智能称重做准备。

图 5 - 4　蔬菜图像识别实验平台

5.4　面向商超应用的蔬菜图像检测算法

根据实地调查研究可知，在蔬菜图像数据集中，小尺寸目标数量占据的比重不高，占据较大比例的是大尺寸目标。由于通用的目标检测系列模型是针对通用数据集进行实验和改进的，因此，对于面向商超应用的蔬菜图像数据集不能灵活适用，这就要求对目标检测模型进行改进，以保证目标检测模型能够适应于蔬菜图像数据集。虽然已有的目标检测模型具有快速识别和自适应锚框等优点，但是对复杂背景下面向商超应用的蔬菜目标特征提取能力不足，并且特征融合网络仅关注高级语义信息，对复杂环境中遮挡重叠目标的检测能力不足，不适合面向商超应用的蔬菜图像检测任务。在长期从事基于深度学习的蔬菜图像识别等前期研究工作基础上，从如何构建面向商超应用的蔬菜图像检测算法、加强特征提取能力、实现多尺度特征融合，以及提高遮挡重叠目标的检测效果等方面展开。

为提高蔬菜目标检测精度，进行了如图 5-5 所示的技术路线设计：融合 Detection Transformer 的特征提取模块构建、基于双向特征金字塔的多尺度特征融合模块构建、重叠遮挡蔬菜目标检测的检测输出算法。提出的方案能够适用于蔬菜图像数据集，更好地检测识别不同种类的蔬菜并达到智能称重的目的。

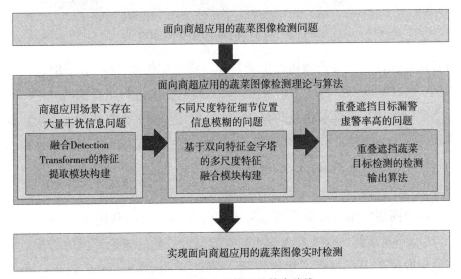

图 5-5　提出的算法的技术路线

5.4.1　融合 Detection Transformer 的特征提取模块构建

为了保证提出的模型能够适用于蔬菜图像识别，将 Detection Transformer 框架加入 YOLOv5 的骨干网络末端。

Detection Transformer 框架由编码模块、解码模块和预测模块三部分构成，如图 5-6 所示。

编码模块：编码模块总共有 6 层，每层均包含 8 个自注意力模块和前馈神经网络。该模块的执行流程为：首先，将骨干网络输出的特征图执行降低维度的操作，也就是说，通过 1×1 卷积核对 $C \times H \times W$ 维的特征图进行卷积操作，将通道数 C 压缩为 d 得到 $d \times H \times W$ 维的特征图；其次，

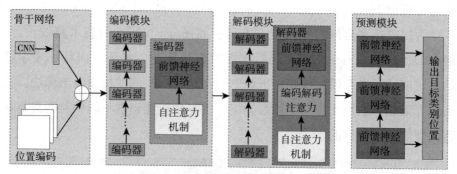

图 5-6 Detection Transformer 框架

对特征图执行序列转换操作，也就是说，将空间维度 $H \times W$ 压缩到 HW 得到 $d \times HW$ 的二维特征图；最后，将二维特征图进行位置编码。

解码模块：解码模块总共有 6 层，每层均包含 8 个自注意力模块、编码解码注意力模块和前馈神经网络。该模块的执行流程为：对编码器输出的特征图进行特征提取，将解码器的输出传递到前馈神经网络，输出目标的类别和位置。

面向商超应用的蔬菜图像检测模型骨干网络末端利用 3 次 Detection Transformer 运算使模型聚焦输入的有效部分，从而避免环境的干扰，更好地提取蔬菜图像目标，相比传统 Transformer，Detection Transformer 在特征图处理过程中一次性输出全部预测结果，大幅提升模型训练效率。

5.4.2　基于双向特征金字塔的多尺度特征融合模块构建

面向商超应用的蔬菜图像检测，易受背景干扰。特征融合可将深层特征图的丰富语义信息与浅层特征图的特征位置信息结合，提升对目标的检测能力。在面向商超应用的蔬菜图像检测中，为提升模型对蔬菜图像目标的检测能力，增强不同尺度的特征信息融合，在特征提取网络之后构建特征融合网络。原始 YOLOv5 模型的检测层尺度分别为 20×20、40×40、80×80，改进的模型通过增加 Concat 层、卷积层、C3 模块，多进行一次上采样和下采样，进行特征融合操作，新增检测层对于不同尺度的目标特征更敏感。另外，采用双向特征金字塔网络（bi-directional feature pyramid networks，BiFPN）结构，改进原始的加强特征提取网络 PAnet 结构，将骨干网络中的多尺度特征图多次输入 BiFPN 结构中，开展自上而下和自下而上的多尺度特征融合，对于同尺度大小的特征层，通过跳跃连接实现特征融合。BiFPN 结构使得预测网络对不同大小的目标更敏感，提升整体的模型检测能力。

面向商超应用的蔬菜图像检查模型的特征融合网络如图 5-7 所示，将双向特征金字塔多尺度特征融合与改进的特征提取网络结合。将特征提取网络的输出层送入 P3 层（低特征层）、P4 层（中特征层）、P5 层（高特征层），并在 P3、P4 和 P5 层之间使用 BiFPN 融合方式重复 3 次，实现多尺度特征融合。每一次融合都能够在已有基础上提取到更高层次、更加抽象的特征，以提高检测精度。

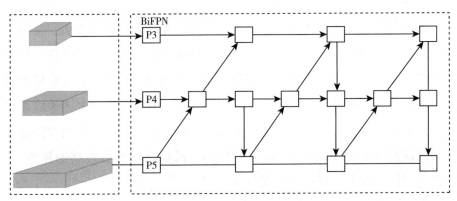

图 5-7 改进的特征融合网络

这里使用快速正则化方法对节点的输入特征图进行加权，各特征融合节点的加权公式为

$$O = \sum_i \frac{W_i}{\varepsilon + \sum_j W_j} \cdot I_i \qquad (5-1)$$

式中，$W_i \geqslant 0$；ε 是为了计算稳定性而设置的极小值，取值为 1×10^{-4}。能够发现，特征融合的权值范围为 0～1，避免了使用导致计算时间大幅增加的 softmax 函数。以第 4 层为例，BiFPN 网络的跨尺度连接和加权特征融合的过程为

$$P_4^{td} = \text{Conv}\left(\frac{W_1 \cdot P_4^{in} + W_2 \cdot \text{Resize}(P_5^{in})}{W_1 - W_2 + \varepsilon}\right) \qquad (5-2)$$

$$P_4^{out} = \text{Conv}\left(\frac{w'_1 \cdot P_4^{in} + w'_2 \cdot P_4^{td} + w'_3 \cdot \text{Resize}(P_3^{out})}{W'_1 + W'_2 + W'_3 + \varepsilon}\right)$$

$$(5-3)$$

式中，P^{in} 为输入特征，P^{out} 为输出特征，P^{td} 为自顶向下的特征融合过程中的中间层。

改进的特征融合网络能够更好地融合不同尺度的特征，具备较强的特征融合和拟合能力，从而提升模型在蔬菜目标检测任务中的特征学习能力。

5.4.3 重叠遮挡蔬菜目标检测的检测输出算法

在蔬菜智能称重操作中，受到摆放位置、光线影响等各方面因素的制约，重叠遮挡问题是不可避免的，因此，很难确保每一个蔬菜图像都是各自清晰分离的，进一步造成遮挡部分很难被检测识别出来，造成模型的检测识别准确率的降低。为了解决这一问题，应该有效筛选蔬菜图像检测识别中产生的重叠预测框，以精确识别出被遮挡的蔬菜目标。常用方法是非极大值抑制（NMS），按照置信度得分的高低筛选出得分最高的预测框，以此为依据，确定被遮挡的蔬菜目标。

具体来说，在已有的 NMS 方法中，根据置信度得分和预测框的位置信息确定被遮挡的蔬菜的位置，具体实施过程包括两个阶段：第一阶段，筛选出各个分类中置信度得分最大的预测框，对各个分类执行非极大值抑制；第二阶段，按照置信度得分的高低顺序，对各个分类进行排列，将置信度得分最高的预测框和其余预测框的吻合情况进行对比分析。在吻合度过高的情况下，则执行剔除操作。由此看来，仅仅依据吻合情况剔除候选框是存在一定弊端的，即有可能会不小心剔除重叠遮挡的蔬菜目标。具体计算过程为：输入 $B = \{b_1, b_2, \cdots, b_n\}$ 共 n 个候选框，其得分为 $S = \{s_1, s_2, \cdots, s_n\}$，$N$ 为 NMS 算法抑制的阈值，选取最大概率 M。如

公式 (5-4)，其中 IoU 为两块区域的交集与并集之比。

$$s_i = \begin{cases} s_i, & \text{IoU}(M, b_i) < N \\ 0, & \text{IoU}(M, b_i) \geqslant N \end{cases} \tag{5-4}$$

通过具体计算发现，NMS 的缺陷在于：遇到两个真实的蔬菜目标距离较近的情况下，容易出现误删除被遮挡的蔬菜目标的可能性，从而造成检测识别结果的偏差。

为了克服原有的 NMS 的弊端，提出了 Soft-NMS，用于非极大值抑制，不仅计算置信度得分，也计算吻合度。Soft-NMS 利用一种权重的形式，将获得的 IoU 取高斯指数后乘上原得分，在此基础上重新排序。

$$s_i = \begin{cases} s_i, & \text{IoU}(M, b_i) < N \\ s_i[1 - \text{IoU}(M, b_i)], & \text{IoU}(M, b_i) \geqslant N \end{cases} \tag{5-5}$$

在上述公式中，$s_i = s_i \cdot e^{-\frac{\text{IoU}(M, b_i)^2}{\sigma}}$，理论上 N 的取值尽可能达到最小，实验证明在阈值尽可能小的情况下，候选区域就会变得更少，不利于更加精准地识别出蔬菜目标。通过反复验证，将 N 的取值设置为 0.3，是指剩余的蔬菜目标与得分最高的蔬菜目标的吻合度的阈值。在吻合度比阈值高的情况下，则表明两者的重合度高；在吻合度和阈值相等时，将得分最高的候选区域确定为该分类的候选区域，将其余区域剔除；在吻合度比阈值低的情况下，证明各候选区域的预测结果完全不同，需要计算得到更多的候选区域。

Soft-NMS 算法的引入能够有效解决蔬菜遮挡重叠的问题。原 NMS 算法容易发生检测识别结果不准确的情况，因此，引入 Soft-NMS，更加精准地检测遮挡重叠的蔬菜目标。

5.5　实验设计

5.5.1　实验环境配置

硬件配置型号和容量如下：

内存：64 GB

处理器：Intel Xeon（R）Silver 4114 CPU @2.20 GHz x 40

图形处理单元：NVIDIA Tesla T4

操作系统：Ubuntu 20.04.5 LTS

语言：Python 3

框架：TensorFlow

5.5.2 模型训练

TensorFlow 作为一个开放的框架，易于扩展，支持多种机器学习算法，并允许研究人员对新的深度学习算法进行实验和测试。因此，模型训练使用了 TensorFlow r1.15.0。在 Google Colaboratory（Colab）中运行，提供免费的强大 GPU 和 TPU 来训练和推断深度学习模型。每次初始化 Colab 会话时，可用的 GPU 都会发生变化，但在这种情况下，NVIDIA Tesla T4 是所有会话的专用 GPU。为了进行基准测试，使用了 Tensor-Flow 中的预训练模型。为了微调预训练的模型，考虑了预训练管道的默认值，根据可用 GPU 的容量调整批量大小。所有训练持续了 50 000 个迭代次数，每 50 个批次都会进行一次评估。不同模型的实验证明，它们不需要超过 50 000 个迭代次数就可以收敛到解空间中的最佳解。在某些情况下，模型在 30 000 个迭代次数之后收敛。每 50 个批次遵循预先训练的模型所使用的标准值。如果评估损失开始增加，而训练损失减少或保持不变，则深度学习模型与训练数据过度拟合。这种情况没有发生在任何经过训练的模型上。

5.5.3 评价指标

对于目标检测模型，需要制定相应的评估指标来选择模型的优劣。在研究分析蔬菜检测实验结果时，使用平均精度均值（mAP）来评价基于深度学习的蔬菜检测的性能。预测框也分为正确预测和错误预测，因此在评测时会产生以下 4 种样本：

（1）正确检测（TP）：预测框与标签框能正确匹配且二者吻合度高。

（2）误检框（FP）：背景被预测为一个对象。没有实际目标，但模型错误地检查了它。

（3）漏检框（FN）：模型没有检测到需要由模型检测的对象。它实际上存在，但未被检测到。

（4）正确背景（TN）：背景本身，模型不会被检测到。在目标检测中通常不考虑这种情况。

在获得预测框对应的上述属性后，模型的准确率 P 即当前遍历过的预测框中，属于正确预测框的比值。召回率 R 可以通过当前 TP 数计算，即当前检测到的标签框与所有标签框的比率。遍历每一个预测框时，将生成相应的 P 和 R，这两个值可以形成一个点 $(R，P)$，许多点值成一条曲线，即 $P—R$ 曲线。在计算得到 AP 后，将每个类别的 AP 值进行求均值，即可得到 mAP，AP 值和 mAP 值越高表示模型的检测性能越好。

$$P = \frac{TP}{TP + FP} \tag{5-6}$$

$$R = \frac{TP}{TP + FN} \tag{5-7}$$

$$AP = \int_0^1 P(R)\mathrm{d}R \tag{5-8}$$

5.6 实验结果

5.6.1 蔬菜图像检测结果

利用改进型 YOLOv5 算法对蔬菜数据进行目标检测的结果如图 5-8 所示。

可以看出，提出的模型能够精准检测蔬菜，这符合面向商超应用的蔬菜智能称重系统中目标检测需要较高检测精度的工作需求。改进的模型在原 YOLOv5 模型的基础上融入了自底向上的 PAnet 网络结构，增加了一个 YOLO 检测头，并在网络中使用 CA 注意力机制可以有效地捕捉目标的方向信息与位置信息，显著提升了整体网络模型对小目标和一些遮挡的检测性能。采用 Soft NMS 增强重叠蔬菜预测，同时也在一定程度上提高了检测精度，通过这一系列的改进使得整体网络模型更满足面向商超应用的蔬菜智能称重需求。从最后的检测结果来

图 5-8　检测结果

看，改进的模型相较于 YOLOv5 模型检测精度有着显著提升，并且改进的模型也提高了整体网络的健壮性，具有更好的检测性能和目标分辨能力，这也是未来面向商超应用的蔬菜智能称重领域重要发展方向之一。

5.6.2　消融实验结果

为了验证各个改进模块的优化作用，做了消融实验对比分析，实验结果如表 5-1 所示。对基础网络 YOLOv5 框架结构嵌入 PAnet 模块、CA 注意力模块，以及对原 NMS 进行优化，分别得到不同的实验结果，验证了提出的模型的有效性。

表 5-1　消融实验结果

模型	平均精度（mAP）/%	检测速度/（帧/秒）
YOLOv5	78.6	81
YOLOv5＋PAnet	83.1	82
YOLOv5＋CA 注意力机制	85.4	83
YOLOv5＋Soft NMS	85.9	83
提出的模型	90.2	84

5.6.3 主流算法对比实验结果

在数据集上进行对比测试，其结果如表 5-2 所示，加粗显示的数值为提出的算法的实验结果。

表 5-2　主流算法对比实验结果

算法	平均精度/%	检测速度/（帧/秒）	网络大小/MB
提出的算法	**90.2**	**79**	**356**
YOLOv5	78.6	81	332
YOLOv4	74.1	80	340
SSD	70.2	70	408
Faster R-CNN	77.3	9	297

可以发现，Faster R-CNN 的检测精度明显高于 YOLOv4、SSD 等单阶段目标检测算法，但是其检测较慢，无法满足商超蔬菜智能称重场景下检测的实时性要求，如果应用于蔬菜称重中会出现明显的延时问题，降低称重效率。YOLOv4 和 YOLOv5 的检测精度相差不大，但检测时间缩短了不少，这是由于两者之间参数量的差别所导致的，可谓 YOLO 算法的又一巅峰之作。改进后算法模型在蔬菜智能称重目标检测任务中可以达到 90.2% 的检测精度，检测速度为 79 帧/秒，可以基本满足检测任务的实时性检测要求，而且检测精度也得到了较大提升。

5.7　面向商超应用的蔬菜智能称重系统的设计与实现

根据软件工程方法对面向商超应用的蔬菜智能称重系统进行可行性分析、需求分析和系统设计，保证系统的开发过程安全、可靠，使整个开发过程方便管理和后期的维护。面向商超应用的蔬菜智能称重系统主要分为以下模块：用户模块，可能访问该模块的人员为需要进行蔬菜智能称重操作的顾客；管理员模块，可能访问该模块的人员为超市的销售人员和经营管理人员。因此，需求分析必须根据超市顾客、销售人员、经营管理人员的具体情况执行。

5.7.1 面向商超应用的蔬菜智能称重系统的可行性分析

本节将从不同维度分别对面向商超应用的蔬菜智能称重系统进行可行性论证，通过对系统研发进行全方位、多角度论证，保证系统后期的顺利研发。

5.7.1.1 技术可行性分析

在程序设计语言方面，通过对流行的程序设计语言进行调研，本系统确定使用 Java 和 Python 两种程序设计语言。具体来说，使用 Java 语言进行前端页面的设计和后端服务器代码的开发，以适应蔬菜智能称重系统的界面编程和服务端编程实现。使用 Python 语言进行蔬菜图像采集和检测识别功能的代码编写，从而满足对深度学习模型的实验需求。

在实验设备配置方面，考虑到蔬菜智能称重系统离不开对海量蔬菜图像数据的检测识别，因此，要求实验设备配置必须足够高，要具备较强的图像处理能力。为了方便蔬菜图像的拍摄，要求摄像头必须能够清晰拍摄，具备较高的分辨率。此外，为了完成蔬菜智能称重任务，还需一台能够进行再次开发的电子秤。上述所有实验设备已经齐全，能够保证蔬菜智能称重系统的顺利研发。

总体看来，实验室已具备面向商超应用的蔬菜智能称重系统研发的软硬件环境设施，系统研发具备良好的技术可行性。

5.7.1.2 经济可行性分析

结合技术可行性的分析，可知蔬菜智能称重系统的软硬件环境设施已经具备，无须再次购买实验设备。因此，蔬菜智能称重系统的研发是没有软硬件成本的，只需要研发人员的脑力劳动。与此同时，在蔬菜智能称重系统正式上线运行之后，能够帮助超市售货员对蔬菜进行智能分类和称重，从而降低超市雇佣售货员的人工成本。蔬菜智能称重系统运营时间越长，所节约的人工成本越多。从长远来看，蔬菜智能称重系统的研发能够带来可观的经济效益，为超市经营管理人员创造更高的经济价值。从总体上来说，蔬菜智能称重系统具备经济可行性。

5.7.1.3　操作可行性分析

对于蔬菜智能称重系统的用户进行调研分析，用户主要包括超市顾客、销售人员、经营管理人员。对于超市顾客来说，蔬菜智能称重系统的主页会有智能称重的界面，超市顾客首先将所要采购的蔬菜摆放至称重设备上，然后按照称重界面的提示操作，最后智能打印蔬菜重量价格标签，就能够完成蔬菜智能称重过程。在蔬菜智能称重的操作流程中，超市顾客完全可以根据蔬菜智能称重系统的界面自主操作，无须超市经营人员或者导购员的帮助，就能够轻松完成智能称重，操作起来简单、方便、快捷。

对于超市销售人员来说，可以定期或者不定期地根据市场需求在蔬菜智能称重系统中添加、修改、删除蔬菜的类别、价格等信息，也可以对特定蔬菜录入适当的折扣价格进行打折销售。因此，超市销售人员能够自主操作蔬菜智能称重系统，无须专业人员培训。

对于超市经营管理人员来说，可以根据蔬菜智能称重系统的实时销售数据进行大数据挖掘与分析，发现超市顾客对于某种蔬菜的偏好，也可以及时找到销售量最高和最低的蔬菜，以便结合具体的销售情况制定下一步的进货计划。因此，超市经营管理人员能够自主操作蔬菜智能称重系统，无须专业人员培训。

根据上述分析，蔬菜智能系统的整个操作步骤简单方便、易上手，对于超市顾客、销售人员、经营管理人员都具备较强的操作可行性。

5.7.1.4　可行性分析结论

综上，蔬菜智能称重系统开发成本非常低，各种硬件设备都已满足开发要求，可以实现并完成对系统的设计和开发。同时在投入使用之后，要求经营者对系统的投入成本也非常低，对管理员和顾客的操作要求也很低，既降低了超市投入的成本也提高了顾客的称重效率。因此，蔬菜智能称重系统的研发是有价值的。

5.7.2 面向商超应用的蔬菜智能称重系统的需求分析

为了保证所要研发的蔬菜称重系统满足超市顾客、销售人员、经营管理人员的需求，必须做好需求分析工作。只有这样，才能够保证在蔬菜智能称重系统研发完成之后，得到各类用户的满意，让各类用户都能够享受到想要的效果。

5.7.2.1 需求调研

蔬菜是人们日常生活中的必需品，因此，在商场超市中设置有专门的蔬菜专柜用于蔬菜销售。每逢周末、节假日以及工作日的下班点，超市的蔬菜专柜就会挤满大量顾客，在这样的情况下，怎样采取科学有效的方法让顾客感受到人工智能的高效以及蔬菜智能称重系统的便捷，是保证超市可持续发展的重要营销方式。相对于其他种类的商品来说，蔬菜具备其自身的特点。一般情况下，蔬菜是整齐摆放在蔬菜专柜区域的，一般是未打包的、未称重的，只标记了单价而没有标记总价格，因此，顾客在采购蔬菜时必须选择好蔬菜之后进行称重计算价格，才能到收银台进行结算。在传统的蔬菜称重操作中，由售货员帮助顾客进行称重计价，会消耗大量的人力，尤其是在顾客较多的情况下就会在一定程度上延长排队称重蔬菜的时间，给顾客造成不便。在这样的现实需求下，研发一款能够实现蔬菜智能称重的系统是大势所趋。

蔬菜智能称重系统利用摄像头采集所要称重的蔬菜的图像信息，利用机器视觉检测识别技术智能检测出蔬菜的种类，进一步计算蔬菜的总价。在操作蔬菜智能称重系统时，无须导购员引导，无须额外排队等待，顾客完全可以凭借自己的常识自主完成整个操作。同样对于超市销售人员、经营管理人员来说，也不需要额外培训机器视觉的相关知识，只要懂一些计算机基本操作，就能够熟练使用蔬菜智能称重系统进行各种数据的增、删、改、查和分析操作。

5.7.2.2 功能需求分析

蔬菜智能称重系统的主要功能就是智能检测识别蔬菜图像。顾客在挑选到心仪的蔬菜之后，摆放到蔬菜智能称重设备，蔬菜智能称重系统就可以启动摄像头开始工作，采集蔬菜智能称重设备上摆放的蔬菜图像，将采集到的蔬菜图像信息上传到计算机中，利用机器视觉算法模型执行检测识别操作，检测识别操作完成之后将蔬菜种类和总价格输出，最后，蔬菜智能称重系统根据蔬菜的种类和总价格打印蔬菜价格标签，完成整个蔬菜智能称重操作。

根据上述功能需求描述，对超市顾客而言，蔬菜智能称重系统应该能够实现如下几个功能：

（1）蔬菜图像检测识别功能。精准实时检测识别出摆放到蔬菜智能称重设备上的蔬菜种类、数量等。

（2）蔬菜称重功能。精准称重摆放到蔬菜智能称重设备上的蔬菜的重量。

（3）订单预览确认功能。能够预览并确认摆放到蔬菜智能称重设备上的蔬菜订单的详细信息，包括蔬菜的图像、种类、单价、重量、总价等。

（4）标签打印功能。可以按照确认好的订单信息，打印出蔬菜的价格标签。

对超市销售人员和超市经营管理人员，蔬菜智能称重系统应该能够实现如下几个功能：

（1）注册、登录功能。超市销售人员和超市经营管理人员必须经过注册登录蔬菜智能称重成功之后才有权限进行访问，并对蔬菜执行增、删、改、查等各种各样的操作。而对于超市顾客来说，他们不能登录蔬菜智能称重系统，不能获得相应的权限进行违规操作。通过登录权限的设置，确保系统能够被安全稳定地访问和操作。

（2）蔬菜信息维护功能。超市销售人员和超市经营管理人员有权限维护蔬菜信息，对于新进货的蔬菜可以维护该蔬菜的种类、数量、单价等信息，对于已经撤柜的蔬菜，也可以将其各种信息予以及时删除，避免资源的浪费，保证蔬菜智能称重系统中的蔬菜数据实时更新，避免由于蔬菜数据信息的滞后造成不必要的损失。

（3）模型扩增训练功能。超市销售人员和超市经营管理人员有权限在维护蔬菜信息之后，进一步执行模型扩增训练操作，以达到增强蔬菜智能称重系统的精准度的目的。

（4）蔬菜订单查询汇总功能。超市销售人员和超市经营管理人员有权限查询汇总每天、每周、每月或者某个设定的时间段的蔬菜订单信息，从而根据查询汇总结果进一步明确未来蔬菜进货的改进方向，并通过调整蔬菜进货数量、蔬菜定价、蔬菜促销优惠活动等一系列的措施，制定更加有针对性的蔬菜营销方式，实现蔬菜精准营销。

5.7.2.3　数据描述

蔬菜智能称重系统中的数据主要包括静态数据和动态数据。其中，静态数据是在蔬菜智能称重系统的使用过程中保持静止不变化的数据，而动态数据是在蔬菜智能称重系统的使用过程中会发生各种各样的变化的数据。

（1）静态数据。包括蔬菜智能称重系统中存储的蔬菜图片、数据库中存储的蔬菜图片相对路径、每张图片的标注信息等。

（2）动态数据。包括摆放到蔬菜智能称重设备上的图像采集信息，蔬菜智能称重设备返回的蔬菜重量信息和蔬菜总价信息，新进货的蔬菜可以维护该蔬菜的种类、数量、单价等信息，时刻产生的蔬菜销售订单信息，等等。

5.7.3　面向商超应用的蔬菜智能称重系统的实现

5.7.3.1　智能称重功能的实现

蔬菜智能称重系统的首页通过按钮的形式实现智能称重功能。在超市顾客点击"智能称重"按钮的情况下，首先就会触发蔬菜智能称重操作，确认蔬菜智能称重设备上是否已经摆放待称重的蔬菜；其次，开启摄像头采集蔬菜图像的功能，采集已经摆放到蔬菜智能称重设备上的蔬菜图像，将采集到的图像上传到计算机中并存储，输出蔬菜图像检测识别结果，包含蔬菜的种类、数量等信息；再次，对照蔬菜智能称重系统中存储的蔬菜销售单价计算蔬菜的总价；最后，生成蔬菜销售订单，发送到主界面由超市顾客预览确认是否无误，完成打印蔬菜订单功能，蔬菜智能称重功能执行完成。

5.7.3.2 人工称重功能的实现

为了方便不会使用蔬菜智能称重系统的老年人或者习惯于传统称重方式的顾客群体，蔬菜智能称重系统也具备人工称重功能。超市顾客点击蔬菜智能称重系统主界面中的"人工称重"按钮，就能够进行人工称重操作。相对于智能称重功能来说，人工称重功能的不同点在于超市顾客需要自己通过蔬菜智能称重系统人工选择对应的蔬菜图片是否就是要称重的蔬菜图片，不依赖于蔬菜智能称重系统的检测识别功能，而依赖于顾客自己的主观经验进行判断，执行人工称重操作。

5.7.3.3 蔬菜检测识别模型扩增训练功能的实现

超市销售人员和超市经营管理人员维护新进货的蔬菜的种类、数量、单价等信息之后，原来的模型不包含新进货的蔬菜，不能检测识别新进货的蔬菜种类，需要进一步执行模型扩增训练操作，以达到增强蔬菜智能称重系统的精准度的目的。在蔬菜检测识别模型扩增训练功能中，超市销售人员和超市经营管理人员根据界面提示上传所需的新进货蔬菜的种类、数量、单价等信息，以及蔬菜图像训练集、图像标注文件等，结束上传之后，执行模型扩增训练操作，对于蔬菜检测识别模型的各项参数进行更新，从而实现了蔬菜检测识别模型扩增训练功能。

5.7.3.4 蔬菜信息维护功能的实现

蔬菜作为一种季节性的生活必需品，其供应量、需求量、价格每天都会发生变化，而且某些蔬菜仅在某个特定季节才会进货上架，或者某些蔬菜由于很难进货而临时撤柜，都是有可能发生的。因此，蔬菜智能称重系统中必须实现蔬菜信息维护功能，能够根据具体情况随时维护蔬菜信息。超市销售人员和超市经营管理人员登录系统，点击"蔬菜"菜单栏，在所有的蔬菜名称中都设置了更新、删除按钮，可以对点击的蔬菜的图片、数量、单价等信息进行动态调整，保证数据库中的蔬菜类数据实时动态更新。

5.7.3.5 蔬菜订单查询和汇总功能的实现

超市销售人员和超市经营管理人员在主界面点击"订单查询"按钮，可以跳转到订单查询界面，能够看到全部订单的信息。与此同时，通过搜索栏输入特定的蔬菜名词，也能够查询到特定蔬菜的订单信息。另外，超市销售人员和超市经营管理人员可以汇总特定时间段的蔬菜订单信息，从而更加清晰地掌握各类型蔬菜的订单情况，进一步明确未来蔬菜进货的改进方向，并通过调整蔬菜进货数量、蔬菜定价、蔬菜促销优惠活动等一系列措施，制定更加有针对性的蔬菜营销方式，实现蔬菜精准营销。

6 智慧农业驱动蔬菜全产业链变革研究

前面章节从不同层面阐释了蔬菜全产业链关键技术。考虑到智慧农业是未来的大势所趋，本章从智慧农业角度，探索智慧农业驱动蔬菜全产业链变革。

蔬菜产业是保障民生的支柱产业，传统的种植管理模式已经不适应当今时代的发展，蔬菜全产业链的智慧化建设是大势所趋。本章对智慧农业和蔬菜产业进行了概念界定，深入分析了智慧农业在驱动蔬菜全产业链变革中的常用技术，详细阐述了智慧农业在驱动蔬菜全产业链变革中的具体应用，在此基础上分析了目前智慧农业应用于蔬菜产业变革面临的挑战，提出智慧农业驱动蔬菜全产业链变革发展路径，包括：统筹规划智慧农业驱动蔬菜全产业链变革路径，加快建设和升级新一代智慧农业基础设施体系，加强培养专业技术人才和高水平科技创新团队，大力实施卡脖子技术攻关项目和科研成果转化。

蔬菜是"菜篮子"工程的重要组成部分，是人民群众的日常膳食营养必需品。传统的蔬菜产业生产经营管理技术落后，需要花费大量的劳动成本和时间成本，已经不能满足当前蔬菜产业的发展需求。依托智慧农业驱动蔬菜全产业链变革，借助于各种先进技术，能够切实保障蔬菜的品质和产量，推动蔬菜生产流通全过程的有序进行。

6.1 相关概念界定

6.1.1 智慧农业

从古至今，农业在人类历史上一直扮演着至关重要的角色，因为它对人类物种的生存至关重要。在这一时期，它经历了许多演变，从几千年前的动植物驯化，到几百年前采用轮作和其他先进的耕作方法，再到近几十年来采用人造肥料和杀虫剂的生产管理方法。

智慧农业是近年来随着科学技术的发展而产生的，它是以信息和通信技术为基础的，旨在提高生产率和最终产品的质量，同时降低生产成本，实现利润最大化和生产成本最小化，使用无人机、无人地面车辆、图像处理、机器学习、大数据、云计算和无线传感器网络等最新技术，收集天气数据、监测作物生长、早期检测作物疾病、实现作物智能采摘，促进农业生产和管理变革发展，推动农业进入一个新时代。

6.1.2 蔬菜产业

蔬菜是人们日常生活的必需品，在膳食营养结构中不可缺少。所谓蔬菜产业，顾名思义，就是在农业经济中占有重要地位的涉及蔬菜的产前、产中和产后全过程的产业。蔬菜产业属于种植业中最具活力的产业，科技创新是促进其可持续发展的重要支撑，实现蔬菜产业的智慧化、标准化、规模化、科技化、现代化非常重要。当前，智慧蔬菜产业正在蓬勃发展，但是目前一些地区的蔬菜产业仍是劳力密集型管理，现代化程度不足，蔬菜全产业链流程复杂，影响因素众多，提升蔬菜产业数字化智慧化程度是蔬菜产业高质量高效率发展的迫切需求。新一代信息技术的发展使得通过技术驱动来辅助蔬菜产业进行管理决策和指导生产成为可能。因此，为保障蔬菜产业安全稳定发展，需要研究智慧农业驱动蔬菜全产业链变革，以产业兴旺引领乡村振兴。

6.2　智慧农业在驱动蔬菜全产业链变革中的常用技术

技术旨在通过减小劳动强度和精确操作来改变农民工作的方式，可以成为农民的眼睛，帮助他们准确地识别疾病或低产区，在田间执行各种任务，如播种、除草、喷洒或采摘，帮助农民工作和决策。

6.2.1　无人机

近几年来，人们开始使用自主技术来监测大片蔬菜的生长情况。该领域的新技术趋势是无人机，它能够提供遥感、杂草检测、灌溉、喷施等应用。其中，无人机遥感可以从可见光、近红外、热光谱相机或激光扫描仪捕获的图像提供适当的信息，用于远程监控蔬菜生长状态，农民可以在短时间内鸟瞰蔬菜种植园，全面评估潜在的问题。杂草检测就是利用无人机来检测杂草，从而降低农民的劳动强度。此外，利用无人机可以灌溉和喷施，实现蔬菜的大面积灌溉，同时在适当时机实施精准喷施肥料或杀虫剂，为广大人民群众生产安全无公害蔬菜。无人机也有一些缺点，比如能源消耗，这限制了它们在野外工作的时间。此外，为了更具自主性，应该在没有人为干预的情况下对其使用进行更多的研究，并在此基础上制定新的监管规则。

6.2.2　无人地面车辆

在农业领域，无人地面车辆正在迈出第一步，它们有望减小劳动强度，提高野外作业的准确性。无人地面车辆可以在田间执行各种任务，如播种、采摘、除草、喷洒、修剪和蔬菜监测。现有的无人地面车辆已经在许多蔬菜上进行了测试，包括辣椒、黄瓜、番茄、芦笋、甜菜等。

为了给无人地面车辆提供操作能力，必须为它配备各种仪器，最重要的设备是摄像机。即使是普通的摄像机也可以成为无人地面车辆的眼睛，因为计算机视觉技术使其能够在田间自主移动,并执行所需的任务,如播种、采摘,以及区分作物和杂草。红外线摄像机可以用来检测蔬菜叶片的水分或潜在的疾病。此外,传感器技术被用于为无人地面车辆提供测量土壤湿度或 pH 等功能。无人地面车辆还能够与气象站通信,了解预报或从知识管理系统下载数据,并在实地采取相应行动。无人地面车辆可以成群工作,也可以与无人机合作执行复杂的任务,可减少劳动力,减少对环境的影响。与现有重型机械相比,小型无人地面车辆能避免大量土壤压实。虽然无人地面车辆可以每天连续作业,但与人工作业相比,其作业速度仍然非常缓慢。此外,它们在诸如采摘和除草等任务中的准确性仍然是一个不确定的问题。

6.2.3 无线传感器网络

无线传感器网络将是整个智慧基础设施的支柱,负责从传感器收集数据并实现设备的互联互通。无线连接在智能农业中至关重要,因为几乎所有连接的设备都需要无线接收或发送数据。根据所需的带宽、传输距离和可用的能源消耗,需要选择不同的技术。ZigBee 是一种用于小距离无线传感器网络的协议,它的功耗较低,因此主要用于室内活动,如温室监测、农药和肥料控制以及智能灌溉系统。WiFi 是一种常用于家庭和办公网络的无线局域网,它适用于需要高带宽的应用,如无人机和无人地面车辆的实施。蜂窝网络 3G/4G 以及 5G,用于通过部署在田间的传感器收集数据,5G 提供低延迟、可靠性和高带宽,这在人身安全至关重要的智慧农机装备的使用中非常重要,它支持设备对设备的实时通信,并支持大量设备。Sigfox 能够在农村地区进行长达 40 千米的远距离数据传输,但数据传输速率非常低。NB IoT 作为蜂窝系统的标准,旨在以低数据速率和低能耗服务于农业物联网设备。无线传感器网络从蔬菜生长的源头起在各个阶段进行检测、记录和全程追踪,实现蔬菜全产业链的可追溯,从源头上确保蔬菜的正常生长和品质安全。无线传感器网络与互联网实现互联互通,能够远程操控蔬菜生长环境中的传感器,实现蔬菜生产过程的智能化。

6.2.4　图像处理

人工统计、手动测量调查分析蔬菜特征及各项生理指标具有工作量大、耗费时间长、成本高等特点。此外，由于不能实时进行监测，测量结果会产生一定的误差，结果不可靠。基于以上几点原因，随着自动成像技术的发展，采用图像处理技术可以实现对蔬菜的长势、病虫害以及当前光照度等情况进行分析，分析处理后得到蔬菜生长的详细参数，最后分析所得的数据可以用于蔬菜长势的决策诊断。从无人机、卫星或地面传感器捕获的可见光谱、近红外、多光谱、高光谱、热成像、激光扫描仪或合成孔径雷达中的相机图像需要图像处理技术，才能获得有用的信息。图像处理技术对蔬菜监测和产量估计很有价值。

6.2.5　机器学习

机器学习使机器能够学习，从而代替菜农来进行蔬菜生产，协助菜农分析问题，还可以向菜农提供科学决策。当前机器学习在蔬菜生产中的应用主要是通过图像处理技术分析图像信息，结合机器学习算法提取图像的关键特征并进行计算和预测。一个典型的机器学习算法是从一个学习过程开始的，在这个过程中，系统用多组值进行训练。经过这一过程，得到分类或预测规则，可以用新的输入参数来预测相应的输出，如图 6-1 所示。

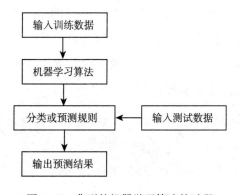

图 6-1　典型的机器学习算法的过程

　　智慧农业任务积累了大量来自不同来源的数据，这些数据需要经过处理才能获得有用的信息。因此，基于机器学习的系统是一个合适的解决方案，因为它具有处理大量输入和处理非线性任务的能力。此外，近年来，深度学习在图像处理和数据分析等领域得到了广泛的应用，并取得了良好的效果和巨大的发展潜力。深度学习是经典机器学习的一个扩展，在预测模型中增加了更多的复杂性，并通过多个层次使用允许层次表示的各种函数来转换输入数据集，使其具备更强的学习能力、更高的性能和精度。机器学习和深度学习技术被用于蔬菜产业的各种任务中，包括作物监测、水管理、疾病识别和杂草分类等。

6.2.6　大数据

　　大数据，顾名思义，就是相对于常规简单数据而言的，是需要利用高性能计算设备进行存储和处理的海量复杂的数据集合。农业大数据在蔬菜产业中的应用涵盖了蔬菜的育种、栽培、灌溉、喷施、预警、采摘和销售等全产业链条之中。课题组在山东省蔬菜之乡寿光市的实地调查发现，在蔬菜产前规划、产中管理、产后收获的全过程中，种植户需要进行 40 余项决策，而且这些决策丝丝入扣，紧密衔接。利用大数据，蔬菜种植户可以利用智能手机足不出户掌握蔬菜生长状况和周围环境数据，以便在管理时做到科学决策。同时，海量的大数据信息，是离不开相应的硬件设施支撑的。在蔬菜种植基地大范围安装无线传感器网络，会生成土壤 pH、土壤温湿度、空气温湿度等各种形式的海量数据。与此同时，无人机、无人地面车辆也会在运行过程中产生海量的图像数据。具体来说，大数据在蔬菜产业中的应用包括 6 个步骤，如图 6-2 所示。

图 6-2　大数据在蔬菜产业中的应用

（1）从传感器、无人机、无人地面车辆或开放数据中进行数据采集。

（2）采用云平台、分布式文件系统、混合式文件系统和数据仓库将收集的数据进行存储。

（3）采用无线连接和云平台进行数据传输。

（4）采用标准化、可视化、匿名化或机器学习算法实施数据转换。

（5）对数据进行分析，包括产前决策、产中管理、建立产量模型和执行蔬菜全产业链的决策等。

（6）将大数据运用于蔬菜电子商务交易中，结合蔬菜种植面积、种植结构、产量、品种、质量、口味、价格等各维度数据，利用数据可视化技术实现数据营销。

6.2.7 云计算

为了存储传感器以及无人机和无人地面车辆产生的大量数据，基于云计算的基础设施是必不可少的。大数据和云计算是相互依赖的，因为大量的数据应该被存储、处理，存储和处理也可以利用额外的计算资源实时进行，以方便最终用户访问。云计算可以提供大量的存储和计算资源，而且这些资源可以在任何时间从任何地方可靠地获得。云计算除了和大数据相互配合发挥作用之外，还适用于许多其他场合。例如，云计算的集中控制适合于从田间部署的传感器收集数据，并以可视化的形式提供数据分析。云计算同时可以提供土壤监测、智能灌溉、疾病或昆虫检测和农场管理系统等应用程序。

6.2.8 机器人

机器人是融合计算机、机械、电子信息、自动化等学科的智能机械装备。现有的农业机器人通常是在模仿、移植和改造工业机器人的基础上进行研发的。机器人在蔬菜领域的应用能够实现种植、嫁接、耕作、除草、施肥、喷药、采摘、分拣和包装等任务，并已经出现了多种机器人产品，让蔬菜从农田到餐桌的整个全产业链实现智能化机器人技术的应用，解决新形势下农业劳动力短缺的不足,大幅提升蔬菜产业科技含量。相对于当前发展较为成熟的工业机器人来说,农业机器人的发展受到复杂的农业生产环境以及种类各异的作业对象的制约,仍然需要结合人工智能、图像处理、机器学习等提高其技术实力。

6.3 智慧农业在驱动蔬菜全产业链变革中的具体应用

在智慧农业驱动蔬菜全产业链变革中,能够摒弃传统蔬菜产业经营模式的劣势,从蔬菜全产业链角度提高蔬菜生产经营效率,如图 6-3 所示。有必要从全产业链角度(产前、产中、产后)出发,分析新技术在蔬菜产业变革中的具体应用,进一步助推蔬菜产业的全链条健康持续发展。

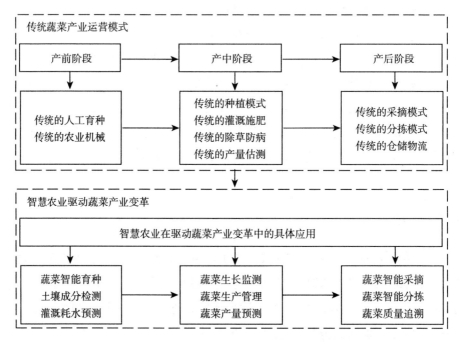

图 6-3 智慧农业驱动蔬菜全产业链变革的具体应用

6.3.1 产前阶段

6.3.1.1 产前蔬菜智能育种

在蔬菜产前阶段，不同品种的蔬菜的生产季节、生长周期、耐热性都存在较大差异，所以，需要通过育种来增强蔬菜对于环境的适应性，尽量避免由于环境因素而影响品质和产量，实现蔬菜智能育种是蔬菜产前不可或缺的环节。在蔬菜育种过程中，育种专家需要精确测量各种表型数据，从中找出优良性状。传统的蔬菜育种方法效率低下，很难筛选出最优品种。利用图像处理、机器学习和大数据技术可以对蔬菜表型数据进行精准快速的测量和分析，精准选育高产抗病的优质品种。彭彦昆等（2018）提出了一种番茄种子图像分级的算法，分级准确率高达90.48%，实现了番茄种子的无损伤分级。张晗等（2021）基于机器视觉识别白菜种子的10个颜色特征和6个形状特征，从而分析种子活力与图像特征之间的联系，以此为依据实现优良白菜种子的筛选，成功选育出的种子发芽率高达69.43%。

6.3.1.2 产前土壤成分检测

土壤成分直接关系到蔬菜能否正常成长，与蔬菜的品质和产量存在密切联系。利用土壤传感器，可以实时测量土壤表层和深层所含的有机质含量、养分组成、电导率、温湿度等信息。还有一些学者结合深度学习、卷积神经网络和光谱技术对土壤成分进行精准分析和判断，确定土壤酸碱度、温湿度，以决定土壤成分是否适合蔬菜种植，为蔬菜产前种植制订最佳的土壤施肥方案提供了坚实的理论基础。

6.3.1.3 产前灌溉耗水预测

在以往的种植方式中，蔬菜的产前灌溉主要是凭借菜农的经验来进行的，很难根据具体的菜园种植精准分析，从而造成灌溉耗水量不容易控制，不利于蔬菜的正常生长。为了实现精准灌溉，需要采用人工智能技术精准分析蔬菜产前灌溉耗水情况，使用分散的传感器来监测土壤、水体和微气候因素，根据监测数据来跟踪需水量，由土壤湿度阈值调节自动滴灌水量，保证灌溉耗水量达到适合蔬菜正常生长的最佳标准。同时，结合大数据技术可以对降水、天气、环境等相关因子进行大数据分析，构建灌溉模型实现科学灌溉。

6.3.2 产中阶段

6.3.2.1 蔬菜生长监测

传统监测蔬菜生长情况的方式是采用菜农直接诊断法，主要是依据菜农的经验，通过菜农对植株进行肉眼观察，直观判别植株是否正常生长。直观上来说，任一种蔬菜在生长过程中出现问题时，均会表现出一定的症状，从而可以通过这些对应的症状来判断其生长状态。然而，菜农直接诊断的过程中会存在较强的主观性，根据有限的经验进行肉眼观测，效率非常低，甚至有时不能直观地反映植株的实际生长状态。因此，有必要借助科学的方法严格监测蔬菜生长状态。

依托智慧农业的快速发展，尤其是计算机视觉技术的发展，同时结合大数据技术，可以建立蔬菜生长中水分、养分、病虫害等不同指标之间的关系模型，进行定量分析和定性分析，实现对于蔬菜生长状态的智能化监测。例如，北京佳格天地科技有限公司、北京爱种网络科技有限公司、北京天安公司、北京市农林科学研究院农业信息与经济研究所、山东省农业信息中心等都主动拥抱智慧农业潮流，建设了农业大数据平台，精准监测作物生长状况，通过对种植环境、长势情况、土壤墒情等海量数据的分析，提供农事操作建议，入选农业农村部《农业农村大数据实践案例》。

图像识别和表型识别在品质保障、病虫害防控中都有广泛应用。尤其是针对蔬菜生长过程中病虫害、营养元素缺失等症状，在症状肉眼难以辨别时就能够及时进行智能化诊断，无须等到症状明显时由专家确诊，实现蔬菜生长状态的早期监测预警，从而大幅度降低生产损失。例如，由美国加利福尼亚州的 IntelinAir 公司研发的 Crop Intelligence、宾夕法尼亚州州立大学研发的 PlantVillage Nuru、德国公司研发的 Plantix 等高效农业生产平台，采集田间生长数据进行作物健康状况识别，使用深度神经网络降低误报率。国内首款将人工智能技术应用于农作物病虫害诊断的工具是由深圳市丰农数智农业科技有限公司（曾用名为深圳市识农智能科技有限公司）研发的"识农"App，人们只要拿起手机拍摄病虫害感染区域就能精准识别病虫害，并获取相应的防控建议。随后病虫害识别 App 的研发受到更多公司的重视，各种此类 App 层出不穷，包括杭州睿坤科技有限公司研发的"慧植农当家"App、广西慧云信息技术有限公司研发的"耘眼"App、浙江托普云农科技股份有限公司研发的"见虫"App、中国农业大学研发的"植保家"App 等。这些 App 都能够利用智能手机实现复杂背景下的病虫害图像识别，为种植户提供了随时随地使用的便利，为病虫害科学防控提供了依据。此外，在生产实践中，部分地区尝试利用植保无人机防治病虫害，利用无人机遥感监测蔬菜的种植状况，建设智慧化无人农场。

6.3.2.2 蔬菜生产管理

蔬菜的生产管理具体涵盖浇水、施肥、除草、病虫害治理等蔬菜生产全过程，整个过程需要耗费大量的精力，关系到蔬菜的品质和产量能否达到预期要求。依托智慧农业，科学做好蔬菜生产管理工作，能够有效提高管理效率。众多学者已经开始利用先进的物联网、大数据、人工智能技术研发出蔬菜智能化节水灌溉施肥设备、杂草智能化检测算法、智能化杀虫设备、病虫害绿色防控装备等。菜农使用传感器收集数据并对其进行分析以预测使用多少肥料、何时收获等，精准做出数据驱动的决策。

影响蔬菜生产管理的因素众多，涉及土壤、灌溉、喷药、施肥、除草等，菜农仅凭现有经验进行生产决策是不足的，而借助于大数据就能够进行科学决策。例如，国外蔬菜领域的大数据应用经典案例包括 Farmlogs、Climate Corp、Climate View 等，可以帮助农民跟踪土壤成分、降水量、温湿度等各种指标，对各种指标数据进行建模分析，从而为种植户提供灌溉、施肥、除草、收获等决策参考，让农民能够及时发现和解决生产中的问题；国内的"蜻蜓农服""农管家""农技耘"等，能够实时采集蔬菜生产中的各种数据，让种植户享受到全天候、保姆式的农业生产服务。

与此同时，大数据技术结合智能机器人装备的使用，可以有效提高蔬菜生产管理效率，大幅降低劳动力成本。例如，美国 Blue River Technologies 公司研发的 Lettuce Bot 机器人能够拍摄植株的照片，利用人工智能算法检测出是否存在杂草，植株种植距离是否过密或过稀，以此精准消灭杂草，及时调整植株生长间距。此外，在国内实际生产中也有应用实例。比如，在中国蔬菜之乡——山东寿光，智慧农业科技园中有负责水肥控制、授粉、采摘、分拣、巡检等工作的机器人，负责统管的机器人可以收集园区内所有机器人的数据信息并从中提取有价值的信息，以此指导所有机器人进一步发出精准指令。

6.3.2.3　蔬菜产量预测

所谓蔬菜产量，就是某特定条件下每单位种植面积产出的农作物的量，受到温度、光照、土壤、施肥、灌溉等一系列因素的综合影响。蔬菜产量估测可帮助农民结合蔬菜产量和市场实际需求科学制订种植计划和选择销售渠道，也是判断蔬菜种植管理水平的重要根据，还是国家制定蔬菜宏观调控政策和经济发展计划的决策依据，为政府指导和调整农业生产系统以及提高农业生产效率提供辅助参考。蔬菜的产量受到栽培、水肥、种植密度、气候等复杂环境因素的影响。传统的蔬菜产量估测方法主要依赖于人工，受主观因素影响较大。为了解决这个问题，研究人员结合计算机视觉技术的优势，结合遥感数据、蔬菜生长因子或图像特征，对作物生物学信息进行实时监测和智能分析，建立蔬菜估产深度学习模型，并指导蔬菜生产，实现蔬菜种植的智能化和精细化管理。

利用大数据技术结合遥感数据可以分析包括种植环境、天气状况、农机参数等在内的各种农情大数据，为蔬菜产量预测提供依据。例如，美国农作物观察生产商 Crop Watch 联合相关部门的政策大数据、经济大数据以及产量的历史数据，可以精准预测当年产量。再如，意大利融合卫星遥感数据，考虑天气、降水、地质土壤调查数据，构建了作物产量预测系统，能够有效应对差异化的作物物候、复杂化的农田分布和多变性的农田休整等问题，绘制出清晰的作物产量空间分布图，同时也可以预测可能发生的自然灾害，农民就能够有针对性地调整种植方案和购买农业保险，减小不良因素对产量和收益造成的损失。

6.3.3 产后阶段

6.3.3.1 蔬菜智能采摘

蔬菜种类多、重量大，采收和运输需要密集的劳力，从而造成高昂的人工成本，且对务农人员的体力也有较高的要求，未来谁来采摘蔬菜也是影响该产业可持续发展的重要隐患。对于采收、传送这些人工效率低的环节，需要加强机械手、运输车、智慧化和一体化的智能采摘设备的研发。研究人员结合先进的机器人和人工智能技术，实现蔬菜的智能采摘，可在短时间内快速采摘成熟蔬菜，减少劳动力投入。智能采摘机器人能够利用摄像装置获取蔬菜照片进行识别，研发先进的人工智能算法来检测蔬菜采摘部位的位置，用于指导机器人进行无损采摘，典型案例包括日本的番茄采摘机器人、荷兰的黄瓜采摘机器人、日本研制的草莓采摘机器人、英国的蘑菇采摘机器人。与此同时，国内蔬菜采摘机器人的研究也取得重大进展，如中国农业大学、华南农业大学、浙江大学、南京农业大学、北京工业大学、上海交通大学、沈阳农业大学等高校和科研院所已成功研制出采摘番茄、草莓、茄子、黄瓜等蔬菜的采摘机器人。

虽然当前蔬菜智能采摘装置已经能够大幅提高采摘成功率，但在试验过程中仍存在着漏采、伤菜现象。今后研究旨在更好地适应非结构化的种植环境及多样化的作业需求，不断改进智能采摘装备和算法，以提高采摘效率和避免现行采摘方式对蔬菜的伤害。

6.3.3.2 蔬菜智能分拣

蔬菜中掺杂的杂草或者腐败叶片会严重影响蔬菜的外观和销售。以往的人工蔬菜分拣方法效率低下，经常出现漏拣或误拣。鉴于此，需要依托智慧农业技术，研发蔬菜智能分拣算法和设备，分析不同种类蔬菜的颜色、营养元素含量、酸碱性等，以此来进行特征提取、无损检测和智能分级。具体来说，需要结合计算机视觉技术，建立蔬菜叶片图像数据集，采用先进的人工智能深度学习算法对蔬菜中存在的异物以及不同等级的蔬菜进行智能识别。

当前蔬菜智能分拣不仅在学术领域取得了较大进展，而且在实践领域也有了应用案例。例如，北京工业大学基于百度飞桨平台研发了一款智能农作物分拣机，以及蔬东坡蔬菜配送系统推出的智能分拣秤、日本研发的黄瓜分拣机等。尤其是近几年随着深度学习技术的发展，国内外已经研发了许多类似的蔬菜智能分拣设备。利用智能分拣设备，农民仅需把待分拣农作物放到履带上，农作物沿着履带滑入分拣箱，分拣箱就能够智能检测蔬菜类别和等级，最后不同类别和等级的蔬菜就会通过推杆进入相对应的篮子。蔬菜分拣机能够智能识别不同作物，坚固耐用、操作简单、应用广泛，可以用于无损地分拣装运大小不同的蔬菜果实等。

已有研究的局限性在于设备的检测不够快，下一步的研究需要考虑不同种类和不同等级蔬菜的市场需求、持有成本、运输成本等因素来不断改进相关算法，提高分拣速度和性能。

6.3.3.3　蔬菜质量追溯

蔬菜质量安全问题直接关系到人民幸福和国家富强，需要引起高度重视。依托智慧农业发展，加强蔬菜质量追溯体系建设，将菜农、蔬菜经销商、蔬菜供销社、相关农业企业等全部纳入追溯体系之中，实现蔬菜全产业链的质量溯源，并做到不同地区之间的平台共建和资源共享。与此同时，采用地理信息系统、云计算、物联网、大数据、人工智能、区块链等新一代信息技术，结合智能化仓储物流模式，做好蔬菜质量安全预警工作，保障蔬菜"从田间地头到居民餐桌"供应链的全过程的质量安全。随着蔬菜领域海量数据的激增和互联网公司的发展，京东、阿里巴巴、百度、腾讯开始跨界布局农业领域，与蔬菜基地达成合作，竞相推进蔬菜质量智慧溯源系统，建立蔬菜全产业链质量追溯体系，并在分析消费者行为的基础上持续改进蔬菜质量追溯体系。

6.4 智慧农业驱动蔬菜全产业链变革面临的挑战

6.4.1 技术推广应用难

现阶段，各种先进技术在工业、服务业、物流业、医疗卫生等行业已经得到广泛应用，智能工厂、智能制造、智能物流、智能医疗等发展迅速。但是先进技术在智慧农业尤其是智慧蔬菜产业中的应用较少。当前蔬菜种植基地使用的各种设备仍然不能满足智慧农业的需求，智能化的育种、除草、采摘等设备仍然停留在实验室验证阶段，尚未推广到田间地头。智慧农业能够帮助菜农提供远程监控蔬菜的生长状况以及农场内环境温湿度等指标的变化，但是成本较高，主要应用于科学研究，尚未落地实施。已有的通信协议仅对智能农场内短距离覆盖区域有效，通信成本较高，一旦设备电池电量用完就会导致数据传输停滞，存在一定的服务质量和网络延迟问题，不利于应用在大面积的智能农场中。

6.4.2 设备运行性能低

蔬菜产业利润率不高，但是设备运行成本高，包括安装成本和运营成本。安装成本涵盖了构建智能环境所需的智慧农业软硬件设施费用。运营成本包括与网关和云服务器之间的数据共享和维护相关的成本。虽然某些运营商提供具有受限功能的免费流量包，但链接智慧农业设备的数量以及可存储的信息量有限，功能和设备的增加会导致流量费用的提高，数据传输存在较高的通信成本开销。与此同时，设备运行可靠性较低：昂贵的智慧农业设备一般安装在户外，暴露于极端的环境因素中，可能遭受洪水和飓风等不利天气事件的影响，导致传感器随着时间的推移而损坏并且连接失败。

6.4.3 算法速度和精度低

现有的蔬菜播种、除草、采摘设备操作质量不理想，精度和速度仍然需要改进。物联网在智慧农业中的应用无疑解放了菜农的双手，但蔬菜病害检测速度存在局限性，该领域需要进一步研究。同时，蔬菜生长监测存在滞后性，仅能监测蔬菜特定时间的需求，不能综合考虑土壤、气候、环境等因素进行综合分析。当前智慧农业采用的计算机视觉相关算法对于蔬菜识别的速度和精度有待提高，有必要开发模型或算法来帮助菜农尽早识别蔬菜生长状态，精准监测蔬菜叶片水分胁迫水平、营养元素含量、病害可能发生概率等，以及时做好灌溉施肥和农药喷洒，保证蔬菜的品质和产量。

6.4.4　技术人才储备少

阻碍智慧农业驱动蔬菜全产业链变革的一个重要因素是对智慧农业及其相关技术缺乏足够的认识。智慧农业所应用的传感器、物联网、人工智能等需要既懂各种新兴技术又懂农业生产的新型农业技术人才进行操作，但是当前智慧农业领域的技术人才非常稀少，愿意服务农村、扎根蔬菜产业的技术人才更为罕见。调研发现，大部分菜农为中老年人，他们的文化水平较低，对智慧农业的认识不足，对新技术的接受能力较差，对智慧农业设备的使用不能快速上手，影响了智慧农业的建设和发展。

6.5　智慧农业驱动蔬菜全产业链变革发展路径

智慧农业驱动蔬菜全产业链变革是一项系统性工程，离不开全方位的保障工作。鉴于此，结合现阶段智慧农业驱动蔬菜全产业链变革的具体应用和面临挑战，提出"四步走"的发展路径。

6.5.1　统筹规划智慧农业驱动蔬菜全产业链变革路径

智慧农业驱动蔬菜全产业链变革需要历经孕育、孵化、发展和壮大的过程，必须统筹规划，明确适合我国国情和各省省情的智慧农业驱动蔬菜全产业链变革路径。一是实施产前阶段智慧化变革。建设蔬菜全产业链大数据中心，通过遥感监测等技术搜集蔬菜产前种植相关条件数据，研发基于人工智能数据挖掘的新型智能育种算法和设备。二是实施产中阶段智慧化变革。逐步试点智慧种植基地，研发蔬菜种植阶段数据采集专用的低成本传感器并推广应用，建设"植物工厂"，大力发展除草、喷施、灌溉等智能农机装备，减轻人工作业负担。三是实施产后阶段智慧化变革。不断优化蔬菜产后采摘分拣算法和装备，结合大数据、物联网、区块链和人工智能等技术构建蔬菜质量安全追溯体系，实现蔬菜质量的全程监测和风险评估。此外，还需要加强对建成的智慧农业示范项目进行宣传培训和落地实施，让蔬菜种植户实实在在地看到有效案例，引导他们积极使用智慧农业相关系统和装备，在应用中也能实现技术的持续迭代更新，及时改进和有效落实智慧农业相关政策。

6.5.2 加快建设和升级新一代智慧农业基础设施体系

一是拓宽融资渠道，吸收社会闲散资金，建立蔬菜产业发展专项基金，为前期建设提供充足的资金储备。二是各级政府加强政策引导，推进智慧农业与蔬菜产业的深度融合，建设一批智慧农业试点示范项目，并及时进行技术推广，助推智慧农业基础设施和先进技术落地实施。三是加快建设一批智慧蔬菜高科技园区，同时进行定期监测和评估，及时做好设备折旧，保证先进设备的可操控性。四是制定并实施智能化农机装备购置补贴政策，为设施蔬菜种植园区提供物联网成套设备购置补贴，减免智慧蔬菜种植基地设备流量费用和农机作业服务费用，为种植户提供网络流量套餐优惠。

6.5.3 加强培养专业技术人才和高水平科技创新团队

一是设立高素质农民培育计划，通过下乡服务、广播宣传、实操讲解等多种方式引导农民提升智慧农业意识，对菜农进行智能手机、计算机的使用培训，让传统种植户、返乡创业人员、合作社成员都能掌握蔬菜种植基地智能化建设方法、互联网使用方法及智能化装备操作规程等。二是充分发挥涉农高校的优势，引导涉农高校主动培养既懂农业种植又懂先进技术的交叉复合型专业技术人才，吸引人才志愿投身于蔬菜产业变革发展，不断壮大蔬菜产业高层次专业技术人才队伍。三是重视对蔬菜产业新型经营主体的宣传引导，使其主动顺应蔬菜产业发展潮流，补齐蔬菜产业变革所需的能力短板，不断提升自身技术应用水平，成长为蔬菜电商的主力军。四是加强培养高水平创新人才和团队，积极和国际知名研究院所进行联合培养，构建科研成果沟通互动体系，培养智慧农业学科领军人才和科技创新团队，为智慧农业驱动蔬菜全产业链变革创造人才支撑。

6.5.4　大力实施卡脖子技术攻关项目和科研成果转化

当前，无人机、无人地面车辆、无线传感器网络、图像处理、机器学习、大数据、云计算等技术已经在蔬菜产业智能化发展中得到了广泛的应用，智慧农业在驱动蔬菜全产业链变革中的产前、产中和产后各阶段都发挥出巨大作用。智慧农业通过监测、跟踪和追踪蔬菜生产全过程，改善了蔬菜的生产管理。智慧农业是蔬菜产业发展的大势所趋，进一步研究的领域包括无线传感器网络、无人驾驶区域车辆、农业物联网应用、蔬菜生长监测、人工智能在农业中的应用、蔬菜智能化数据传输、蔬菜种植基地网络架构的改进、云平台与智能农场的结合等。另外，设置智慧蔬菜产业重点研发计划专项，围绕蔬菜生长智能监测和智能作业装备等卡脖子领域，实施产学研协同攻关，以"边创边推、即研即推"提高推广应用效果，促进科研成果转化。

7 蔬菜全产业链机器视觉关键技术相关应用

得益于新技术，蔬菜全产业链在过去几十年中取得了显著的发展。由此产生的新做法提高了菜农的劳动效率，实现了更好的盈利。机器视觉吸引了科学界和农业界的关注。本部分介绍蔬菜全产业链机器视觉关键技术相关应用，从不同角度探讨蔬菜全产业链机器视觉关键技术的应用，推动技术落地实施。

7.1 百度智能云"寿光设施蔬菜智脑"项目

2022年6月，第八届 IDC（Internet data center，互联网数据中心）智能城市大赛（亚太地区）最终比赛结果出来了。其中，一家地处山东潍坊名为山东物泽生态农业科技发展有限公司同百度智能云携手创办的国家蔬菜质量标准中心示范基地项目（属于农业农村新科技成果），在比赛中表现优异，最终取得"本年度 IDC 亚太智慧城市奖"以及"智慧建筑/智慧园区类最佳项目奖"（图7-1）。

亚太智能城市奖（SCAPA）是行业内顶尖 IT 的市场调研咨询的国际数据公司所举办的。该比赛的参赛选手来源于世界各地，众多国家、机构、企业都积极参与这个比赛。比赛的题材范围也相对广泛，包含智能城市相关的众多服务类别，该奖项设立的目的是激励表彰杰出的智能城市项

CERTIFICATE OF EXCELLENCE

presented to

National Vegetable Quality Standard Center Test Demonstration Base Project in Shouguang City, Shandong Province

Shandong Wuze Ecological Agriculture Technology
Development Co., Ltd. | China

2022 Winner: Smart Buildings/ Smart Tech Parks

given this 9 June 2022

Theresa Rago
Vice President for Marketing
IDC Asia Pacific

Dr. Christopher Holmes
Managing Director
IDC Insights Asia Pacific

图 7-1　百度智能云"寿光设施蔬菜智脑"项目获奖

目及项目所在组织机构，奖项的影响力和含金量也相当高。

　　"全国蔬菜质量标准中心试验示范基地"项目是由山东物泽生态农业科技发展有限公司（下文简称为物泽生态企业）与百度 AI 共同打造的，该项目将智能集成技术用于果蔬培育管理，并且运用了人工智能，即 AI 以及使用物联网技术构建万物互联，并配备大数据分析系统，以此构建了智能化、科学化的蔬菜种植体系。并且创建了有效的蔬菜种植算法，该办法通过基因因素、环境条件、园区管理三者并行，以提高质量和产量，提高蔬菜生产和种植效率，从而达到降低成本的目的。

　　国际数据公司中国研究部助理高级管理人员孙继峰谈到，"数据智能具有变革性"。具体来讲，就是指在智慧城市的众多相关技术中，数据智能化的技术成熟度是可变化的。因此将其用于智慧城市里既能够促进城市管理更加点对点细致化，另一个层面上来看，智慧技术又会在将来变成一种生产力促进剂。"寿光设施蔬菜智脑"的数据智能化体现在很多地方，包括园区绿化规划、作物加工、害虫防治和整个种植区的产量估算等方面。将科技与农业结合已经成为构建新型智慧园区和智慧农业的必要手段。

百度智能云"寿光设施蔬菜智脑"项目主要包括数字农业保护智能服务基地、智能农业大脑数据汇总中心及农业智能化平台三部分。项目将智能化运用得十分巧妙，凭借目前的数据库以及配套的设施构建，把蔬菜等的田间数据、生长环境条件数据、科学研究数据以及市场运行销售数据同人工智能与万物互联及大数据的分析科技手段相结合，建立生产和种植的计算机模型，并预测辣椒、番茄和黄瓜等蔬菜的产量以及土壤含水量，以此作为早期试点项目。以数字化、智能化应用的形式为农民提供现代化的农业科技，使得农民能够实现精准农耕、浇水、喷肥、收割，促进了传统蔬菜耕种的精准现代科技化。项目凭借对资源的收集运用、算法数据的归纳分析，建立多个产业平台，包括能力、AI、建模、AIoT（人工智能物联网）数据采集等，促进产业链更新。

"寿光设施蔬菜智脑"里，由百度 AI 实施数据和算法等方面的工作，百度 AI 促进了蔬菜种植领域的科技应用，以及现代农业种植业的大批量生产和集中运营管理。如今，凭借该项目，实现了人力的大大解放，管理能力是原来的很多倍。一位技工能够管理 200 亩农田，一位管理者能够掌管 1 500 亩农田。

孙吉峰谈到说："我国是世界上智慧城市建设最重视国家中的一员，目前在该领域已经投入很多人力资本，我国在政府服务、城镇管理方面已经创新发展了许多好项目。"本届大赛，中国在亚太地区的参赛项目得到了认可，这是我国在数据集成、数字化转型方面努力的结果。这一来自寿光的奖项体现出我国智能种植园以及农业管理与服务的建设在亚太地区处于领先地位，同时也体现出百度 AI 在该行业建设中获得了肯定。百度 AI 与智能的融合技术水平会持续更新和提高。在强大的人工智能开放基础上，它一定会不停地为智慧城市提供更多的能够使用的功能，并将促进数字化转型，改善城市管理、产业发展和人们的生活生产。

物泽生态企业属于种植类型的企业，企业规模较大，建筑场地约 530

公顷，属于大型企业规模，其蔬菜品种多样。物泽生态企业同百度 AI 联手，非常好地创建了万物互联的农产品时空数据库，搭建了智能耕作平台，就此打开了一扇通向农业智能种植的大门。

物泽生态企业的 CEO 王娟说道，"本公司凭借把百度 AI 万物互联的新技术手段运行于农业的生产管理与预测中，使得农民和其他农业工作者可精准地监测蔬菜水果的生长条件及状况，能够及时获得相关蔬菜的生长信息，制定准确的环境管理，就此可以更好地科学地筹备之后的农业事项。"

蔬菜基地的智慧难题

物泽生态在还没有考虑采用万物互联及百度 AI 技术的时候，由于培养了许多物种，企业的生产管理一直被很多问题困扰着：首先是农耕信息的匮乏，导致不能够准确了解生产与运营的状况。举个例子，农用物品的购买、蔬菜种植情况等信息无法及时获取，企业发展上出现了战略决策的瓶颈，信息不到位会使得生产目标性缺乏和管理混乱。

其次是劳动力短缺，这样也就限制了大批量种植的效率和品质。随着有经验与技术的农业工人数量不断减少，刚入职的农业工人又不足以缩小生产数量上的落差，他们仅凭种植技术和经验同样也没有办法解决生产耕种中遇到的各种问题与困难。

另一个困难就是人工标准、生产技术的水平参差不齐。在实际生产中，不一样的农业工作者相应地了解着不一样的植物品种的生长状况，专业知识各有所长，同一植物品种的农业工作者之间所掌握的知识与技术也有不同，这就无法保证生产过程和工艺上工人们能够按一个标准去执行，影响了产品水平的一致性。

因此，综上所述，应该怎么样获取蔬菜生长环境条件的及时信息，怎么样促进工作效率的上升，怎么样保障产品生产与品质，是物泽生态企业必须想办法突破的关键难点。而百度 AI 联合万物互联技术所创建的时空数据信息平台能够帮助企业解决这些问题。

蔬菜生长看得见

王娟表示，"我们在探索的早期存在不少麻烦和困难，就好比我们应该从哪里开始，使用什么方法技术，怎么样更好地将技术用于生产等。直到我们和百度 AI 携手研究以后，方案才有了雏形，在大家的努力下才拟定了最终的计划方案。"

百度 AI 依据万物互联时空数据平台数据资源来获取种植区域不同蔬菜和生长条件的相关时空信息，并搭建了相关的种植数据模型，并在生产量和农业规划方面通过集成环境信息、品种数据和多维种植数据来进行监测和预测估计。

百度爱云基于收集一年多以来环境中的气、土、光相关信息数据，以及三年多以来所有蔬菜的种类、商标、生产者相关、种植时间等生长信息，还有日常生产、施肥浇水、园林工作等耕作信息，最后进行统筹分析，成为园区种植的保障。例如：

它可以准确预测植物的物候期，还能够通过气候变化来推定何时进行蔬菜采摘。

具有农业周刊的作用，涉及耕作以及智能农业，能够凭借一年的气候等因素来提前规划和指定农业生产计划。并且在召集当地行业专家、知识分子进行农业计划修改之后，还能够第二次根据修改建议进行智能生成。

可以估计大概的年产量，这是基于农业时空智能数据模型来实施的，可以为大规模图像创建基本的生产地图。

基于对未来的估计与当下的信息相结合的方式，提供实时预测性能图表，在大屏幕上显示，还可以和实时信息进行差异化比较，自动绘制生长曲线，以此来获得与蔬菜最耦合的生长曲线。

从田间地头到百姓餐桌都放心

在物泽生态企业实施万物互联时空信息数据平台之后，就能够实现智能管理和科学精准监控，这不仅降低了成本，提高了效率，还让蔬菜品质得以提高。

物泽生态企业与百度 AI 的合作，在生产上取得了良好的收益。实现了农业投入和其他能源消耗的大幅度减少，并将公司的生产制造成本降至最低。通过植物数据建模，结合一般的农业相关的技术经验，让精准的实时数据信息和生产经验管理双管齐下，实现 1+1＞2 的效果，最终实现农业科学化、灌溉智能化、产量提升的效果，很大程度上促使贸易效率及企业收益的提升。

站在农产品顾客的立场上，顾客能够购买优质、实惠、安全、品质有保障、放心的蔬菜水果。第一，标准化、科学化和智能化的种植工艺会大幅度减少农业资源消耗及农药残留，从而保障品质过关。第二，建立了蔬菜水果的现场视频监控、安全质量保证体系，达到了清除问责、明确责任的目的，形成了有据可查的良性循环。第三，园区的蔬菜直接供应给顾客及餐馆，没有中间商从中获取差价，从而蔬菜价格低而平稳，也就能使得顾客花更少的钱买到更好的菜。

除此之外，物泽生态企业的便民服务渠道可以说是为消费者提供了便利的各种购买途径，如可以在智能音箱的程序中下载 5Z 农场或其他同类型的应用软件，顾客就能够用自己的声音来询问以获取当天的蔬菜水果配送清单，还可以加入购物车购买。另外，顾客也能够在小度智能音箱食谱教程的应用程序里订购完整的蔬菜或配料，可以通过自建的果蔬快递服务实现当日达。

探索智慧农业，助力乡村振兴

科技发展的今天，农业也需要智能化，这也是我国乡村振兴的关键部分和举措之一。智能农业目前主要是将互联网结合现代科技作业为农业的有力手段，为公司的经营管理、农耕生产、销售和整个从种植到购买的过程构建更加便捷、有效的管理服务系统。

物泽生态企业是国家蔬菜质量标准中心实验示范基地和国家农业农村信息化示范基地，在这样的情况下，物泽生态企业需要起一个良好的带头作用，企业目前希望能够实现农产品零不合格、农产品零不合规、实现农村闲置土地清零、农村剩余劳动力清零、脱贫率清零等目标。

在今后的日子里，物泽生态企业一定会继续使用万物互联技术、百度 AI、数据资源分析等方式，把一整个流程包括种植到销售，进行信息数字化建模处理，规范员工的标准，及时进行反馈等，进而一步步实现生产过程的全机械化管理和智能规划。王娟表示，物泽生态企业期盼继续深化与百度 AI 携手，创建一个领先全国的新型现代智能农业产业种植园。

7.2 中科深谷"视觉采摘机器人"项目

在科技发展的今天，农业生产如何实现现代化和智能化呢？农业生产新方式、农业生产新技术的广泛应用，使得农业机械慢慢替代人力成为农业的主力，还促进了农业现代化。其中收割机器人作为一种关键的农业机器人，目前看来非常有发展潜力。江苏省农业科学院在智能农业赛道的建设中已经花费了 50 多年，极大地促进了江苏省以及全国农业生产的技术改造和更新，那么他们是怎样达到这样的效果呢？江苏省农业科学院信息平台处理中心，从信息获取和建模、数据采集和分析、智能监管建模、农业信息服务等方面进行智能农业的工作推进。在这里面，智能温室是一个很好的范例。温室内的农业机械和智能工具配备了不同作物生长所需的合适环境条件参数，并为温室建立智能调控中心，可以全自动监测和控制温室的温湿度、二氧化碳及氧气浓度等，使其适宜植物生长。通过信息收集，对温室内各种环境指标进行全方位的自动调整和管理，以确保达到最适宜的条件，实现对其中执行设备的机械控制。

在栽种蔬菜水果的时候，江苏省农业科学院的工作者意识到了，尽管果蔬的数据监测和管理能够达到随时随地的自动化，不过果蔬收割作为农业生产的一个不可缺少的组成部分，在现在的条件下，还需要由大量工人进行人工采摘。中国人口老龄化严重，未来，劳动力成本会很高，因此现代农业必须变得更加设施化、智能化，不能够再单纯地靠人工进行果蔬收割，以便与未来农业发展相匹配。为了突破这一困扰着产业很久的问题，江苏省农业科学院对此进行相关的科研和田野调查，最终探寻到中科深谷的水果蔬菜自动收割机器人现阶段拥有很好的可用性，它配备了视觉采摘技术，这能够达到其取代人工的目的。

2021 年 8 月，中科深谷研发了四轮驱动四轮采集的全自动机器人，并且宣布正式在江苏省农业科学院应用，目前取得了很不错的效果。中科深谷四轮收割机器人是利用工业先进的室内导航激光雷达来进行精确测绘、园区道路规划和自动进行导航。它使用激光雷达绘制了环境的三维图纸，能够根据地图上的定位点和目标点自动进行路径的拟定设计，以此来操控机器人的行为轨迹。如果在行进时前方遇有障碍物，机器人能够很智能地发现，并自动避开障碍物。在机器人移动到恰当的地方后，配备给机器人的模拟手臂的操控器，就会控制夹子采摘番茄，并根据视觉控制器返回的指令将它们放在体内的蔬菜篮中（图 7-2）。

图 7-2　蔬菜采摘机器人

控制系统采用搭载 ROS（robot operating system）通信架构的控制系统，具有使用边界、可用范围广、易于发展等特点。每个子程序都拥有一

个 ROS 接口，能够根据情况调整相机安装方法，非常灵活，能够达到对
"眼睛"和"手"的控制要求。控制系统能够很快地调整相机的不同安装
方式，以此更好地对"手"和"眼睛"进行使用校准。蔬菜采摘机器人抓
取流程如图 7-3 所示。它是通过 OpenCVS 进行构建的，拥有开源的图像
处理算法和用例。基于这个平台，能够为不同的需要和实际情况创建视觉
捕捉应用程序。

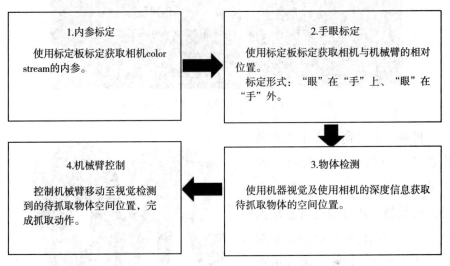

图 7-3 蔬菜采摘机器人抓取流程

机器人的底盘配备了中科深谷自己发明的四轮驱动和四轮驱动独立转
向系统，实际操作中，它工作流畅、准确性好。惯性导航系统也被用于线
性运动的操作角度的闭环控制。直线前进的表现出色，具体来讲，当机器
人直线行驶距离为 100 米时，其左右偏差在 10 厘米内。因此它能够在空
间有限的小温室中工作。四轮驱动四轮悬架设计具有高达 120 千克的大承
载能力。它对振动和障碍物具有很强的抵抗力，面对复杂路面也能够很好
地作业；为蔬菜采摘机器人的工作提供远程控制功能，为无线串口监控软
件提供监控功能；底盘排布紧凑，内部空间宽敞，载重情况表现良好，悬
架设计使其能在各种道路使用；全轮驱动，越野性能出色；整个车轮独立
转向的设计确保了灵活的运动，提升了跟踪精度。图 7-4 所示为蔬菜采

摘机器人在大棚内作业场景。

图 7-4　蔬菜采摘机器人在大棚内的作业

　　机械臂的载荷为 5 千克，其作业半径为 70 厘米。拥有点对点及运行速度的接口，能够对前进进行控制，还可以进行制动保护等。点对点位置控制误差非常小，能控制在 1 厘米。柔性电动爪是一种带有集成伺服电机系统的体积比较小的电动爪。其柔软的材料可以安全地固定易碎果蔬（图 7-5）。自适应仿生结构不

图 7-5　蔬菜采摘机器人的柔性电动夹爪

需要定制手指形状，很好操控。它可以与不同的形状大小进行匹配，能够切割番茄及其类似的水果。总的来说，它很好控制。

　　中科深谷四轮驱动四轮收割机器人能够于小而窄的种植场地里运行，不需要外部轨道及参考点，因此它有很好的市场可推广性及适应性。在 SLAM 定位辅助下的自主导航技术和视觉识别技术使得机器人的控制和抓取能够顺利进行，可以取代人工采摘水果，为无人果蔬的智能生产提供了可能性。

7.3　杭州睿坤科技有限公司"慧植农当家 App"项目

慧植农当家,是由中国的植物保护学会和长期从事于软件开发的杭州睿坤科技有限公司(简称睿坤科技)联合开发的一款能够有效识别常规农作物的病虫害、由人工智能技术支持的手机应用 App。睿坤科技长期从事与农业相关的产业,利用人工智能和最新出现的大数据技术,帮助农民实现效率更高的农业生产,为他们提供新的方便的农业服务,睿坤科技在成立之初的定位是希望通过自己的相关手段实现信息化,能够对每一位从事农业生产的劳动者提供优质的服务,让农业服务效率更高。在这个基础上,睿坤科技的科技团队自主研发了一款能够识别相关农作物病虫害的 App,它是免费识别的,属于工具类 App。在开发这个 App 的过程当中,睿坤科技的技术团队到全国各地进行了考察,采集了病虫害相关的一些样本,并通过最先进的大数据技术和人工智能深度学习的相关技术,能够帮助农民快速而且比较准确地识别一些农作物的病虫害问题,帮助农民不断了解病虫害的相关知识,为他们提出相关的防治建议,这样做的目的是更好地帮助农民种出更好的粮食果蔬,实现更高的收益。

截至 2023 年,这一 App 已经持续运行四年了,睿坤科技对这款 App 进行了连续的技术支持,不断对这款 App 进行功能优化,帮助了很多农户识别了许多他们不认识的病虫害,这主要是通过大数据以及 AI 精准识别技术来实现的。有一些作物的害虫,外观上非常相似,但是它们在处理方式上有很大的不同,这就导致很多农民在进行这种病虫害防治的时候,会把这些病虫混淆,从而导致用错了农药。对于这种外观上非常相似,但它们产生的原因和对应的处理方式又各不相同的病虫害,慧植农当家 App(图 7-6)可以根据这些害虫的识别结果来给农民比较准确的解决方案,与此同时,这款 App 也能够帮助农民在线上咨询农作物病虫害防治行业的专家，获取相关的农资农技服务，为他们提供比较优质的资源，确保农民能够获得比较有效的、良好的、稳定的技术服务，大量节省农民的时间，提高种植效率。

图 7-6　慧植农当家 App 界面

截至 2023 年，慧植农当家 App 可以识别相关的作物共有 52 种，涉及 15 个科属，在这 15 个科属中，包含了相关的主粮作物以及蔬菜，还有果树甚至茶叶、烟草等经济作物（图 7-7）。其中病害高达 675 种，这些病害包括一些生理性的和药物性的，相关害虫以及危险症状 639 种，影响作物生长的杂草 39 种，对应害虫的天敌共 15 种，对于农作物主要病虫害的识别率高达 90%，极为准确。它拥有的功能包括 AI 识别以及相关专家的免费问诊、相关农友的问答交流、对相关病虫害知识的百科普及以及农产品市场的最近行情。拥有注册用户超过 200 万。

"慧植农当家"这一款 App 聚集了当前行业内相关的植保专家以及农技专家近 3 000 余名，还汇聚了全国各地的种植高手，共计有 7 万多人，他们在"慧植农当家"App 的作物社区及问答板块经常进行互动交流，共同讨论各种作物的病虫害及种植问题，除此之外，农民还可以通过和专家进行一对一的问诊（图 7-8）。

慧植农当家 App 的资料库极其丰富，包括 52 种农作物、1 000 多种病虫害的资料库，它不仅包含了各种各样的病虫害图片，还包含了许多昆

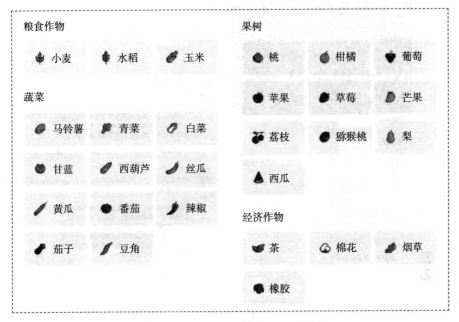

图 7-7　慧植农当家 App 可识别作物

虫及螨虫，甚至相关的软体动物的图片；能够支持在线查询，还能够提供相关害虫的高清图片来证明，根据新提出的预防为主、综合防治的植物保护政策，结合农户所在的地区为农户提供不同的农作物在不同的生育期相关的病虫害防治的一些建议（图 7-9）。

慧植农当家 App 运用了科技的力量，将整个农业进行了科技赋能，希望能够通过这种方式帮助我国农民能够很好地战胜病虫害，希望土地不会再辜负每一位比较勤劳的农民，保卫着一个美好未来，生生不息。

7.4　融讯伟业（北京）科技有限公司"AI 视觉识别生鲜电子秤"项目

在比较传统的一些生鲜超市中，对于水果、蔬菜等的称重及最后的收

图 7 - 8   "慧植农当家"专家咨询平台

银结算，都需要由操作员进行相关操作，从对果蔬识别、称重、打标签，最后结算，操作员每一步操作都要尽量节省时间，尽管操作员在尽量加快操作速度，有时顾客也排很长的队，等待结算的时间非常长，这是因为人工操作台的操作速度比较慢，如果操作员临时有其他事，顾客需要等待更长的时间，有些顾客甚至不愿等太久而放弃果蔬的购买。现今 AI 技术已经广泛应用到生活中去，已经开始加速落地，许多行业都通过利用 AI 在自己从事的一些业务中进行升级和创新，如制造业、酒店业及交通物流都已经推出了无人工厂及机器人、无人车等服务。小的方面来看，从我们日常生活中的饮食及住宿中都能够看到人脸支付以及智能家居的场景。我们生活的每一方面都变得越来越智能，商店和超市中的收银结算相关服务也逐渐被许多相关的科技企业关注。

电商的产生、社区团购的出现，以及新冠疫情的爆发和防治，都对线下的超市、门店产生了一波又一波的冲击，这导致一些实体店的经营越来越困难，成本逐渐增高。那么降低成本、增加效率就成了商店、超市为了

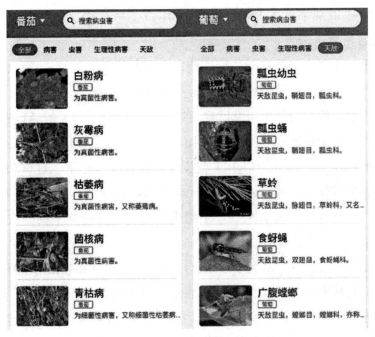

图 7-9 "慧植农当家"病虫害百科

经营下去的考虑。那么对于人工智能技术的应用成了这些商店和超市摆脱经营困境的解决方案。融讯伟业科技有限公司（以下简称融讯伟业）开创了 AI 视觉识别的自动称重秤。利用好最先进的人工智能识别技术，帮助超市去掉顾客在购物时的称重环节，帮助解决困扰商店和超市的称重问题，对于降低成本及增加效率，有着明显的作用。目前，这种技术已经在北京物美和京客隆、上海联华及超市发、贵州合力、山东家家悦、浙江海港、东莞嘉荣、深圳天虹、湖南佳惠、河北汇友、湖南步步高等全国各地 100 多家大型连锁商店、超市及 1 万余家商店都已经使用了这种称重秤。2021 年，湖南佳惠抢先上线了由其开发的 AI 视觉秤，他们的生鲜经理这样评价道，融讯伟业的 AI 视觉秤就好像长了天眼一样，无论是蔬菜、水果、杂粮还是面包或其他的休闲食品等，都能够通过 AI 视觉秤进行准确的识别，这让操作员在称重商品时，能够在银台直接进行结账，这种方式既节省了结算时间又降低了人工成本。如果在实际操作中识别率低于 99％，可以让用户免费试用这款产品，这是融讯做出的相关承诺。

融讯伟业北京科技有限公司长期以来不断进行人工智能技术的开发，希望通过这种技术能够为线下实体店实现新的科技赋能，这是一个国家高新技术产业，他们的技术研发已经超过 3 年，推出了相关的 AI 视觉识别技术。生鲜电子秤就是应用这款技术的一个实际产品。传统的商店和超市在生鲜购物环节必须经历以下 4 个步骤，即装袋、称重、封口和贴上标签，在整个过程中，对于成本的消耗非常大，效率低。AI 视觉秤这款产品的诞生，从某种意义上来说，是超市生鲜在结账模式上的一次重大变革，它减少了称重环节。

智能称重收银秤，从名字上就可以知道它将称重和收银两个环节结合在一起。它减少了排队结账环节，能够加快顾客与超市的交易。除此之外，它还能免去打印购买商品价格标签的成本，在称重之后，顾客就能够直接将商品结账拿走。这种称重收银秤，除了可以应用在超市的生鲜区之外，还能够应用在相关的水果店、肉店或生鲜零售店等地方。这款电子秤通过自带的摄像头就能够智能识别秤盘上的蔬菜、水果以及肉质类产品。除了实现最基础的称重功能，智能称重收银秤还叠加了一些智能收银及数据分析、对相关信息的上传等功能，这使得智能收银秤在实际生活中的应用能够更加广泛。

利用这款 AI 视觉识别的生鲜电子秤（图 7-10），只要顾客将整个菜品装袋后放上操作台，这款电子秤就能够准确地识别出菜品的种类，然后显示相关价格并进行称重，获得总价，最后将相关交易的数据上传到超市的后台，其业务流程如图 7-11 所示。

这款 AI 识别智能秤甚至还具有自我学习功能，把相关产品输入它的系统之后，它就能够通过顾客输入的数据自动识别，对某类商品的扫描次数越多，它就越容易识别这类商品。与此同时，这款智能识别秤的每一次交易记录，都会被自动上传到超市的后台系统当中，然后后台系统会根据大数据技术来对商品销售排行进行一个综合分析，超市根据相关数据来进

图 7 - 10　AI视觉识别生鲜电子秤的应用界面

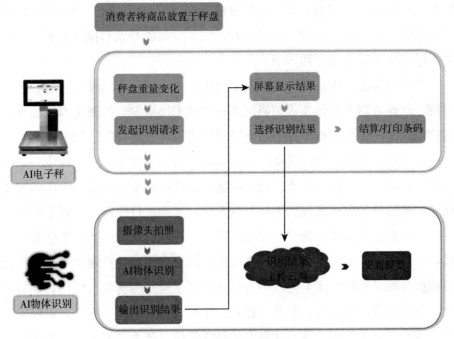

图 7 - 11　AI视觉识别生鲜电子秤的业务流程

货,这就使超市能够更加精准地匹配相关顾客的一些喜好。

　　从相关超市的反馈,结合设备本身的一些数据统计,可以看出这款产品目前识别的准确率已经在99.95%以上,识别也极快,在200毫秒左右。从以上数据可以看出,智能识别称重秤有着识别准确度高、识别非常快的特点,这些特点能够带给用户更加优秀的体验,这种产品本身所具有的一些技术能力,帮助所有的商店、超市实现了降低成本、提高效率的目标。

7.5 海淀创业园中科原动力"蔬菜无人农场"项目

我国自主开发的蔬菜无人收割技术于 2022 年 6 月 16 日上午在北京昌平区国家精准农业研究与示范基地进行了演示。农业农村部特色经济蔬菜作物全程机械化专家指导组、农业农村部农业机械化总站、全国农业技术开发服务中心、北京市和昌平区农业机械开发站的专家和技术人员以及相关媒体的代表前来观摩和咨询。

无人白菜收割机在工作现场安装有拖拉机支腿,可以独立接垄和连续收割,运输机器人确保与收割机同步操作和来回运输,检测机器人进行田间检测,实时传输数据,并根据道路设置进行有针对性的应用操作。

据了解,我国蔬菜种植面临着成本高、劳动力复杂、工作环境差、熟练技工短缺、作业精度低等问题,因此,需要在蔬菜种植设备中使用智能技术,通过技术集成实现无人化、少人化,进而进行作业,有利于降低技工的劳动强度和难度,提高作业精度和生产效率。2020 年,北京市农林科学院国家农业信息化工程技术研究中心国家大型蔬菜产业技术体系智能管理组开展了规模化蔬菜生产中人机智能技术合作的研发与应用,在甘蓝生产领域实现深层播种、起垄、移栽、轮作、灌溉施肥、收获、运输等工艺步骤的无人化控制。随后北京农林科学院信息技术研究中心、北京中科原动力科技有限公司等单位于 2021 年拓展了应用场景,实施了田间水肥管理、无人农机作业、物联网数据采集等全智能集成,在重庆和河北赵县等地进行了示范应用。2022 年北京市农林科学院信息技术研究中心与北京中科原动力科技有限公司联合成立了蔬菜无人农场联合实验室群智能实验室,基于人机智能合作技术进行规模化蔬菜种植,在应用领域进行拓展和创新,并联合研发驾驶拖拉机驾驶室、控制机器人、农药机器人、运输机器人和道路机器人,上述产品已投入生产。蔬菜无人农场技术体系已初具规模,在北京昌平、湖北武汉、内蒙古乌兰察布、河北沧州、天津静海等地，这项技术成果已得到生产性应用。一般来说，无人蔬菜农场，如辣椒、甘蓝等农场，从种植到收获只需要 3～4 个工人，配备一台插秧机和一台收获机，其他环节都是无人值守，与传统种植相比，总劳动成本降低55％，总耗水量降低 35％以上，产量提高 3％～5％。

北京市农林科学院信息技术研究中心副主任吴华瑞说，其他研究领域包括：第一，选择和培育合适的机器和自动化蔬菜品种，对秧苗进行水和肥料的环境控制，以及收获和投苗的自动化机器人；第二，整合与单株兼容的覆土、铺管和移栽技术；第三，能够进行多行收割的自动化设备和相应的无人驾驶系统，以用于收割甘蓝；第四，进一步优化无人驾驶蔬菜农场的建设方案，以继续提高技术水平和安全性。

为了鼓励发展自给自足的农业，需要有良好的基本条件，如灌溉和排水设施、大块的土地、有良好的机耕路等。此外，还必须有良好的卫星和网络信号。因为无人农场使用北斗信号来定位，必须能够接收到所要求的信号。无人农场（图 7-12）主要依靠三种技术手段：生物技术、先进的耕作技术和信息技术。智能农业技术必须具备四个功能：智能传感、精准操作、自动导航和智能控制。他希望无人农场技术的推广有助于解决实践中"谁来耕"和"如何耕"的问题。

图 7-12　海淀创业园中科原动力"蔬菜无人农场"

昌平区阳坊镇金太阳农场中，骄阳似火，辣椒垄整齐划一，植株苗壮肥沃，长势良好。"过去，在种植蔬菜之前，我们必须亲自来犁地、耕地、翻地、施肥、修垄等，所有这些都必须由人工完成，这是很费力的。"农场经理谢峰军说，"现在农场里，从旋耕、犁地到整个水渠，都由无人农机完成，不仅庄稼更整齐漂亮，还大大节省了劳动力成本，在第一次种植白菜时，共节省劳动力成本 76 230 元。"

要坚持国家粮食安全的原则，以进一步推动乡村振兴。许多地方都在推广耕地种植和土地复垦，以充分保护"粮袋子"免受侵蚀而变质变味，实现从"良地"到"粮地"的飞跃，这是 2022 年中央 1 号文件明确指出的方向。以此为依托，阳坊无人蔬菜农场是一个在"荒地"上种植无人蔬菜的示范项目，项目克服了四个主要困难，最终较为完整地完成了相应试验。四个困难包括改造未开垦土地的困难、吸引初始投资的困难、种植非传统草种的困难，以及处理和运输受疫情影响的土地的困难。今天，70%以上自主管理和数字化管理的农场占地面积为 47.2 公顷，并获得了每公顷 5 000 千克的市场产量，这意味着没有管理者的蔬菜农场已经成功。

北京市农林科学院信息中心副主任吴华瑞这样说道，"我们在没有工人的情况下完成了 10 公顷白菜地的智能收获""农场还剩 2 公顷的辣椒。目前，试验团队主要使用机器人在田间以巡逻的方式对辣椒的生长情况进行实时监测，同时在大雨期间注重防止病虫害的蔓延，并使用自走式喷雾器喷洒农药"。

室外无人蔬菜农场是由北京农林科学院院士赵春江领导的团队在先进农业机械和先进农业技术等多个领域的交叉点上的研究成果。该生产性无人蔬菜农场已在扬帆的昌平区成功投入使用，为目前仍未解决的农场工人老龄化等问题提供了先进的数字化解决途径。

7.6　中国农业大学"非结构环境下农业机器人机器视觉关键技术与应用"项目

第十届吴文俊人工智能科学技术奖颁布的获奖名单中有"非结构环境

下农业机器人机器视觉关键技术与应用"这一项目。在田地中存在的表面材质性能不均，结构及尺寸变化不规律且不稳定、环境信息非固定、不可知、不可描述的问题增加了机器人应用于农业的难度，同时也限制了机器人技术在农业领域的扩大化宣传与广泛应用。加强对农业机器人机器视觉技术的理解与运用后，该项目将在以上所述的特殊环境中收集相关信息，在增强复杂光机电平衡协调性的条件下加以管控，同时也在多方面如"激光＋视觉"等感知信息技术有了新的进展，在很多方面，该项目的出现既使之前的技术空白得以填补，又突破了国外技术垄断的限制。该项目的落地实施将会促使农业机器人在现代农业中的广泛应用，也会有力促进人工智能技术从实验走向实践，为真正实现传统农业到现代农业的转型提供了有力的科技支撑。影响农田的环境不仅有阴影、光照，还有风速等多种复杂条件，因此如何保持人工智能对农产品的实时观测及获取信息稳定成为一大难题。该项技术的创新机制不仅有自然光照补偿和抑制机理，还有机器学习与立体视觉算法匹配，同时也创新性地发现在非结构环境下农业发展中，对于自然光照补偿和抑制机理的机器视觉处理技术的有机利用，在分析视觉信息对自然光照感应变化敏感性的影响后，构建关于太阳光照的有效管控模式，克服了传统机器视觉应用中自然光照适应性不足的难题，解决了在自然光变化下获取作物信息的技术瓶颈。

另外，在农田环境中存在作物的信息多维度叠加，具有多重性的作业空间、交错叠加的果实与苗草都会阻碍机器的有效勘测与观察。这个项目在物理性状与视觉图像智能算法匹配和作物光谱特性多个方面进行技术创新，在农业非结构环境下近红外、可见光视觉技术深度学习方法交叉融合的农作物信息智能获取技术获得了有效发展，真正实现了自然环境下农作物信息精准获取的设想。对于人工技术应用于农业并在户外非结构环境中会出现地形崎岖、路途坎坷的问题，同时针对协同控制可视与可做的问题，该项技术突破了机器人难以协同控制的难题，探究了人工智能应用于农业的末端处理问题，摆脱了农业机器人难以得到平衡控制的长期难题，辩证论证了精细化要求、时间与质量、机器损伤之间的关系。

　　该项目结合了自然光照补偿在非结构环境下的双目视觉处理器、机器人柔性作业末端视觉伺服控制等技术，有利于真正实行在恶劣环境下人工智能应用于农业的合理采摘。从现在的情况来看，农业机器人得到了巧妙的应用。比如，靠一个探测器和一只采摘机械臂运行的番茄采摘机器人不仅可以完成采摘作业，也可以辨别番茄是否成熟，从而对那些已经成熟的番茄进行采摘。又如智能施药机器人，既可以利用探测仪观察田间具体的环境，了解昆虫及农药残余量，又能更合理地喷洒农药，落实农业绿色化生产的要求；应用于除草的机器人会在非结构环境下的工作要求下合理有效控制末端需求，使其更适应相关环境，让人工智能更自主地进行除草。如今以上智能机器人已在经济发达地区或农业重点发展区域的部分农村进行宣传与使用。

8 蔬菜全产业链机器视觉关键技术展望

在过去的几十年，蔬菜全产业链机器视觉关键技术无论从算法设计还是基准数据集构建上都取得了一系列进展，建立了以深度学习模型为基础的体系框架，出现了蔬菜病害、蔬菜果实和蔬菜称重等不同类型的数据集。在未来，蔬菜全产业链将发生重大变化，其中一些变化具有变革性，引入新技术来支持整个价值链的数字化。本部分进行蔬菜全产业链机器视觉关键技术研究展望，从不同角度展望未来，促进蔬菜全产业链机器视觉关键技术研究的不断深入。

8.1 面向蔬菜特点的蔬菜图像识别方法

蔬菜图像识别尽管从概念上来说属于细粒度图像识别，但不同于传统的细粒度图像识别。以主流的蔬菜图像识别为例，一方面很多类的蔬菜图像具有一定的细粒度特性，需要挖掘和放大局部的细节区域才可以有效地区分不同蔬菜类别。另一方面，很多蔬菜类别的差异和普通的图像识别也比较相似，这就需要考虑蔬菜图像的整体特征，使得类间差比较大的类通过全局特征更容易区分。因此设计的蔬菜图像识别模型要兼顾这两个方面。此外，常规的细粒度识别任务通常挖掘固定的语义部件（例如鸟类的头、胸和翅膀）以捕获图像判别性的视觉特征。然而很多类的蔬菜图像并不具有固定的语义模式,很难像定义鸟类的翅膀和头部一样定义蔬菜图像的局部判别性区域,因而也不能直接使用现有的细粒度视觉分类方法来进行蔬菜图像识别。考虑卷积神经网络强大的表达能力,如何充分挖掘蔬菜图像的特点来设计针对性的神经网络,以用于蔬菜图像识别是未来重要的发展方向。随着智能便携式设备、智能家居等的迅速普及,将蔬菜图像识别应用于移动设备和边缘设备上的需求也日益增加。因此,基于轻量化卷积神经网络的蔬菜图像识别也将会受到越来越多的关注。

8.2 构建大规模蔬菜图像识别基准数据集

在当前深度学习时代,数据集在各行各业变得尤为重要。当然,发展蔬菜图像识别技术,也需要大规模的蔬菜图像数据集的支撑。以主流的蔬菜数据集为例,目前确实存在一些基准数据集。然而,已有数据集存在诸多局限性。比如,同一蔬菜因区域差异可能有几种不同的名称;有些蔬菜虽被标记为相同的蔬菜名称,但实际上属于不同蔬菜。另外重要的一点是,ImageNet 依据 WordNet 的标准概念体系构建,而对于蔬菜数据集,东西方的蔬菜分类体系具有明显的差异。再比如包装蔬菜,种类更为庞杂,很难有统一标准的分类体系,这也给构建大规模蔬菜图像识别数据集带来了困难。因此针对不同的蔬菜类型,如何构建标准统一的蔬菜拓扑体系是构建大规模蔬菜数据集首先要解决的问题。此外相比于 ImageNet,蔬菜图像识别数据集的标注可能需要专家标注,如何设计一种有效方案保证高质量和低成本也是未来构建大规模蔬菜图像识别数据集需要解决的一个关键问题。

8.3 从蔬菜图像识别走向检测和分割

当前蔬菜图像识别的对象主要针对单一蔬菜对象的图像。但是现实中很多场景下，一张蔬菜图像通常包含多个蔬菜识别对象，这时候就需要蔬菜图像的检测和分割。检测是指在图像中找出目标物体的位置和大小，而分割则是将目标物体从图像中分离出来。在蔬菜图像处理中，检测和分割是非常重要的步骤，因为它们可以帮助我们更准确地识别蔬菜的种类和状态，从而实现更精细化的处理和管理。为了更有效地解决现实世界中多个识别对象的问题，蔬菜图像的检测和分割是未来亟须探索的重要研究方向，为蔬菜全产业链的智能化处理和管理提供更加精细化的技术支持。在智慧农业不断推进的过程中，蔬菜图像识别必将取得更大的突破性飞跃，与此同时还将催生出更多的新应用。

参考文献
References

岑海燕，朱月明，孙大伟，等，2020. 深度学习在植物表型研究中的应用现状与展望 [J]. 农业工程学报，36 (9)：1 - 16.

陈雷，袁媛，2019. 大田作物病害识别研究图像数据集 [J]. 中国科学数据（中英文网络版），4 (4)：85 - 91.

陈玛琳，陈俊红，龚晶，2021. 北京设施农业产业体系构建：现状、问题和对策 [J]. 中国瓜菜，34 (8)：102 - 108.

杜岳峰，傅生辉，毛恩荣，等，2019. 农业机械智能化设计技术发展现状与展望 [J]. 农业机械学报，50 (9)：1 - 17.

樊湘鹏，周建平，许燕，等，2021. 基于改进卷积神经网络的复杂背景下玉米病害识别 [J]. 农业机械学报，52 (3)：210 - 217.

高文硕，宋卫东，王教领，等，2020. 果蔬菌采摘机械研究综述 [J]. 中国农机化学报，41 (10)：9 - 15.

韩巧玲，赵玥，赵燕东，等，2019. 基于全卷积网络的土壤断层扫描图像中孔隙分割 [J]. 农业工程学报，235 (2)：128 - 133.

胡根生，吴继甜，鲍文霞，等，2021. 基于改进 YOLOv5 模型的复杂背景图像中茶尺蠖检测 [J]. 农业工程学报，37 (21)：191 - 198.

黄丽明，王懿祥，徐琪，等，2021. 采用 YOLO 算法和无人机影像的松材线虫病异常变色木识别 [J]. 农业工程学报，37 (14)：197 - 203.

姜懿芮，段玉聪，王勇，等，2019. 大数据在日光温室蔬菜生产中的应用 [J]. 中国瓜菜，32 (1)：42 - 44.

李金堂，2010. 番茄病虫害防治图谱 [M]. 济南：山东科学技术出版社.

李金堂，2010. 黄瓜病虫害防治图谱 [M]. 济南：山东科学技术出版社.

李金堂，2010. 辣椒病虫害防治图谱［M］. 济南：山东科学技术出版社.

李金堂，2010. 丝瓜苦瓜西葫芦病虫害防治图鉴［M］. 济南：山东科学技术出版社.

李金堂，2012. 蔬菜病虫害防治图谱大全［M］. 济南：山东科学技术出版社.

李金堂，2014. 图说番茄病虫害诊断与防治［M］. 北京：机械工业出版社.

李金堂，2016. 辣椒病虫害防治［M］. 济南：山东科学技术出版社.

李金堂，2016. 图说辣椒病虫害诊断与防治［M］. 全彩版. 北京：机械工业出版社.

李金堂，2016. 西瓜甜瓜病虫害防治［M］. 济南：山东科学技术出版社.

李就好，林乐坚，田凯，等，2020. 改进 Faster R - CNN 的田间苦瓜叶部病害检测［J］. 农业工程学报，36（12）：179 - 185.

刘成良，林洪振，李彦明，等，2020. 农业装备智能控制技术研究现状与发展趋势分析［J］. 农业机械学报，51（1）：1 - 18.

刘芳，刘玉坤，林森，等，2020. 基于改进型 YOLO 的复杂环境下番茄果实快速识别方法［J］. 农业机械学报，51（6）：229 - 237.

刘君，2020. 寿光农业病虫害监测预警信息化发展现状及建设路径研究［J］. 青海农技推广（2）：37 - 40.

刘君，2023. 国外智慧农业研究热点和发展趋势分析：基于 Web of Science 数据库文献计量学和知识图谱的可视化分析［J］. 新经济导刊（1）：69 - 78.

刘君，王学伟，2020a. 基于 YOLO 的番茄病虫害识别算法［J］. 中国瓜菜，33（9）：18 - 22：38.

刘君，王学伟，2020b. 融合 CNN 多卷积特征与 HOG 的番茄叶部病害检测算法［J］. 北方园艺（4）：147 - 152.

刘君，王学伟，2021a. 大数据时代山东农业病虫害监测预警体系建设［J］. 北方园艺（3）：166 - 170.

刘君，王学伟，2021b. 山东省智慧农业发展现状问题及对策［J］. 南方农业，15（25）：122 - 126.

刘君，王学伟，2022a. 人工智能时代山东智慧农业发展的现状分析［J］. 湖北植保（5）：1 - 3：11.

刘君，王学伟，2022b. 智慧农业驱动蔬菜全产业链变革研究［J］. 中国瓜菜，35（12）：100 - 108.

刘君，王学伟，2023a. 山东智慧农业发展模式、成果与政策建议研究［J］. 青海农技推广（4）：41 - 45.

刘君，王学伟，2023b. 数字经济赋能智慧农业发展的动力与路径 ［J］. 智慧农业导刊，3
　　（15）：15－18.

刘祥杰，2020. 基于深度学习的无人超市商品图像识别方法研究 ［D］. 沈阳：沈阳工业
　　大学.

刘妍，周新奇，俞晓峰，等，2020. 无损检测技术在果蔬品质检测分级中的应用研究进展
　　［J］. 浙江大学学报（农业与生命科学版），46（1）：27－37.

芦范，2020. 基于改进神经网络算法的蔬菜图像识别 ［J］. 食品与机械，36（2）：
　　146－150.

马文龙，杨秭乾，马玥，等，2021. "植保家"：手机拍照识病虫 App ［C］//陈万权. 病
　　虫防护与生物安全：中国植物保护学会 2021 年学术年会论文集：1.

马越，2018. 基于深度学习的蔬菜检测与分类方法的研究与实现 ［D］. 北京：北京邮电
　　大学.

彭彦昆，赵芳，白京，等，2018. 基于图谱特征的番茄种子活力检测与分级 ［J］. 农业机
　　械学报，49（2）：327－333.

孙红，李松，李民赞，等，2020. 农业信息成像感知与深度学习应用研究进展 ［J］. 农业
　　机械学报，51（5）：1－17.

王惠，2021. 基于关键点的超市商品检测与识别方法研究 ［D］. 北京：北京交通大学.

魏宏彬，2020. 基于深度学习的蔬菜检测算法研究和实现 ［D］. 郑州：郑州大学.

吴炳方，张淼，曾红伟，等，2019. 全球农情遥感速报系统 20 年 ［J］. 遥感学报，23
　　（6）：1053－1063.

吴罗发，2017. 中国蔬菜产业经济热点的研究综述 ［J］. 江西农业学报，29（4）：
　　139－145.

肖小溪，甘泉，蒋芳，等，2020. "融合科学"新范式及其对开放数据的要求 ［J］. 中国
　　科学院院刊，35（1）：3－10.

杨涛，李晓晓，2021. 机器视觉技术在现代农业生产中的研究进展 ［J］. 中国农机化学
　　报，42（3）：171－181.

姚淼，杨其长，马伟，等，2021. 蔬菜全程机械化生产研究现状及发展趋势 ［J］. 中国蔬
　　菜，392（10）：1－7.

佚名，2017. 被玩坏？这家日本农场竟然用人工智能玩起了分拣黄瓜 ［EB/OL］.（2017－
　　08－15）［2024－05－16］. https：//baijiahao. baidu. com/s? id＝1575763056265027 &
　　wfr＝spider&for＝pc.

佚名，2020. AI智能农产品分拣机，帮农户炼就"火眼金睛"［EB/OL］. （2022 - 12 - 13）
［2024 - 5 - 16］. http：//www. gicity. org/news/dyn/3418. html.

佚名，2021. "桃脸识别"智能设备告别人工大桃分拣［J］. 农业科技与信息，625
（20）：47.

尹义志，王永刚，张楠楠，等，2020. 基于小波神经网络的温室番茄产量预测［J］. 中国
瓜菜，33（8）：53 - 59.

于景鑫，杜森，吴勇，等，2020. 基于云原生技术的土壤墒情监测系统设计与应用［J］.
农业工程学报，36（13）：165 - 172.

岳学军，蔡雨霖，王林惠，等，2020. 农情信息智能感知及解析的研究进展［J］. 华南农
业大学学报，41（6）：14 - 28.

张帆，张帅辉，张俊雄，等，2020. 温室黄瓜采摘机器人系统设计［J］. 农业工程技术，
40（25）：16 - 20.

张晗，王成，董宏图，等，2021. 基于机器视觉的白菜种子精选方法研究［J］. 农机化研
究，43（12）：31 - 36.

张浩，2021. 基于目标检测的蔬菜智能称重系统的研究与实现［D］. 西安：西北大学.

张漫，季宇寒，李世超，等，2020. 农业机械导航技术研究进展［J］. 农业机械学报，51
（4）：1 - 18.

赵佳悦，2020. 基于卷积神经网络的番茄病害检测研究［D］. 济南：山东师范大学.

赵静娟，郑怀国，董瑜，等，2021. 全球农业机器人研发趋势预测及对我国的启示［J］.
中国农机化学报，42（4）：157 - 162.

钟亮，郭熙，国佳欣，等，2021. 基于不同卷积神经网络模型的红壤有机质高光谱估算
［J］. 农业工程学报，37（1）：203 - 212.

Arsenovic M，Karanovic M，Sladojevic S，et al，2019. Solving Current Limitations of Deep
Learning Based Approaches for Plant Disease Detection ［J］. Symmetry，11：21.

Atabay H A，2017. Deep residual learning for tomato plant leaf disease identification ［J］.
Journal of Theoretical and Applied Information Technology，95（24）：6800 - 6808.

Atila M，Uar M，Akyol K，et al，2021. Plant leaf disease classification using EfficientNet
deep learning model ［J］. Ecological Informatics，61：101182.

Barbedo J，2016. A review on the main challenges in automatic plant disease identification
based on visible range images ［J］. Biosystems Engineering，144：52 - 60.

Barbedo J，2018. Factors influencing the use of deep learning for plant disease recognition

[J]. Biosystems Engineering, 172: 84 – 91.

Barbedo J, 2018. Impact of dataset size and variety on the effectiveness of deep learning and transfer learning for plant disease classification [J]. Computers and Electronics in Agriculture, 153: 46 – 53.

Bay H, Ess A, Tuytelaars T, et al, 2008. Speeded – up robust features [J]. Computer Vision & Image Understanding, 110 (3): 404 – 417.

Bay H, Tuytelaars T, Van Gool L, 2006. Surf: Speeded up robust features [C] //European conference on computer vision. Springer, Berlin, Heidelberg: 404 – 417.

Bay H, Ess A, Tuytelaars T, 2008. Speeded – up robust features (SURF) [J]. Computer Vision & Image Understanding, 110 (3): 346 – 359.

Bean J C, 1994. Genetic algorithms and random keys for sequencing and optimization [J]. ORSA journal on computing, 6 (2): 154 – 160.

Bengio Y, Courville A, Vincent P, 2013. Representation learning: A review and new perspectives [J]. IEEE transactions on pattern analysis and machine intelligence, 35 (8): 1798 – 1828.

Benos L, Tagarakis A C, Dolias G, et al, 2021. Machine Learning in Agriculture: A Comprehensive Updated Review [J]. Sensors, 21 (11).

Brahimi M, Boukhalfa K, Moussaoui A, 2017. Deep Learning for Tomato Diseases: Classification and Symptoms Visualization [J]. Applied Artificial Intelligence: 1 – 17.

Cavallo D P, Dario M, Pietro B, et al, 2018. Non – destructive automatic quality evaluation of fresh – cut iceberg lettuce through packaging material [J]. Journal of Food Engineering, 223 (8): 46 – 52.

Chen Y, Sun H, Zhou G, et al, 2021. Fruit Classification Model Based on Residual Filtering Network for Smart Community Robot [J]. Wireless Communications and Mobile Computing (2): 1 – 9.

Chlingaryan A, Sukkarieh S, Whelan B, 2018. Machine learning approaches for crop yield prediction and nitrogen status estimation in precision agriculture: a review [J]. computers and electronics in agriculture, 151: 61 – 69.

Choudhary S K, Jadoun R S, Mandoriya H L, 2016. Role of cloud computing technology in agriculture fields [J]. Computer Engineering and Intelligent Systems, 7 (3): 1 – 7.

Cortes C, Vapnik V, 1995. Support – vector networks [J]. Machine learning, 20 (3):

273 – 297.

Dalal N，Triggs B，2005. Histograms of oriented gradients for human detection [C] //International Conference on computer vision & Pattern Recognition (CVPR'05). IEEE Computer Society，1：886 – 893.

Deriche R，1987. Using Canny's criteria to derive a recursively implemented optimal edge detector [J]. International Journal of Computer Vision，1 (2)：167 – 187.

Dorigo M，Di Caro G，1999. Ant colony optimization：a new meta – heuristic [C] //Proceedings of the 1999 congress on evolutionary computation – CEC99 (Cat. No. 99TH8406). IEEE，2：1470 – 1477.

Dorigo M，Gambardella L M，1997. Ant colony system：A cooperative learning approach to the traveling salesman problem [J]. IEEE Trans on Ec，1 (1)：53 – 66.

Ferentinos K P，2018. Deep learning models for plant disease detection and diagnosis [J]. Computers and Electronics in Agriculture，145 (1)：311 – 318.

Floreano D，Wood R J，2015. Science，technology and the future of small autonomous drones [J]. Nature，521 (7553)：460 – 6.

Fountas S，Mylonas N，Malounas I，et al，2020. Agricultural Robotics for Field Operations [J]. Sensors，20 (9)：2672.

Fuentes A F，Sook Y，Jaesu L，et al，2018. High – Performance Deep Neural Network – Based Tomato Plant Diseases and Pests Diagnosis System With Refinement Filter Bank [J]. Frontiers in Plant Science，9：1162.

Fuentes A，Yoon S，Kim S C，et al，2017. A Robust Deep – Learning – Based Detector for Real – Time Tomato Plant Diseases and Pests Recognition [J]. Sensors，17 (9)：2022.

Fukushima K，Miyake S，1982. Neocognitron：A new algorithm for pattern recognition tolerant of deformations and shifts in position [J]. Pattern Recognition，15 (6)：455 – 469.

Girshick R，Donahue J，Darrell T，et al，2014. Rich Feature Hierarchies for Accurate Object Detection and Semantic Segmentation [C]. Proc. CVPR：580 – 587.

Hameed K，Chai D，Rassau A，2018. A comprehensive review of fruit and vegetable classification techniques [J]. Image and Vision Computing，80：24 – 44.

He K，Zhang X，Ren S，et al，2015. Spatial pyramid pooling in deep convolutional networks for visual recognition [J]. IEEE transactions on pattern analysis and machine intelligence，37 (9)：1904 - 1916.

Hinton G E，Salakhutdinov R，2006. Reducing the dimensionality of data with neural networks [J]. Science，313 (5786)：504 - 507.

Hubel D H，Wiesel T N，1959. Receptive fields of single neurones in the cat's striate cortex [J]. The Journal of Physiology，148：574 - 591.

Hubel D H，Wiesel T N，1962. Receptive fields，binocular interaction and functional architecture in the cat's visual cortex [J]. Journal of Physiology，160 (1)：106 - 154.

Inkyu S，Zongyuan G，Feras D，et al，2016. Deepfruits：a fruit detection system using deep neural networks [J]. Sensors，16 (8)：1222.

K He，X Zhang，S Ren，et al，2014. Spatial pyramid pooling in deep convolutional networks for visual recognition [J]. IEEE Transactions on Pattern Analysis and Machine Intelligence，37 (9)：1904 - 1916.

Kamal M M，Masazhar A N I，Rahman F A，2018. Classification of leaf disease from image processing technique [J]. Indonesian Journal of Electrical Engineering and Computer Science，10 (1)：191 - 200.

Kamilaris A，Prenafeta - Boldu F X，2018. Deep learning in agriculture：a survey [J]. Computers and Electronics in Agriculture，147：70 - 90.

Khatoon S，Hasan M M，Asif A，et al，2021. Image - based Automatic Diagnostic System for Tomato Plants using Deep Learning [J]. Computers，Materials and Continua，67 (1)：595 - 612.

Kondo N，Nishitsuji Y，Ling P P，et al. Visual Feedback Guided Robotic Cherry Tomato Harvesting [J]. Transactions of the ASAE，39 (6)：2331 - 2338.

Konstantinos L，Patrizia B，Dimitrios M，et al，2018. Machine learning in agriculture：a review [J]. Sensors，18 (8)：2674.

Krizhevsky A，Sutskever I，Hinton G E，2012. Imagenet classification with deep convolutional neural networks [C] //Advances in neural information processing systems：1097 - 1105.

Krizhevsky A，Sutskever I，Hinton G，2012. ImageNet Classification with Deep Convolutional Neural Networks [J]. Advances in neural information processing systems，25 (2)：1097 - 1105.

Lecun Y L，Bottou L，Bengio Y，et al，1998. Gradient - Based Learning Applied to Document Recognition [J]. Proceedings of the IEEE, 86 (11): 2278 - 2324.

Lecun Y, 1990. Handwritten digit recognition with a back - propagation network [J]. Advances in Neural Information Processing Systems, 2: 299 - 304.

Lecun Y, Bengio Y, Hinton G, 2015. Deep learning [J]. Nature, 521 (7553): 436.

Lecun Y, Bengio Y, Hinton G, 2015. Deep learning [J]. Nature, 521 (7553): 436.

Lee S H, Chan C S, Mayo S J, et al, 2017. How deep learning extracts and learns leaf features for plant classification [J]. Pattern Recognition, 71: 1 - 13.

Li C, Adhikari R, Yao Y, et al, 2020. Measuring plant growth characteristics using smartphone - based image analysis technique in controlled environment agriculture [J]. Computers and Electronics in Agriculture, 168 (3): 10512.

Li Q, Wang Z, Shangguan W, et al, 2021. Improved Daily SMAP Satellite Soil Moisture Prediction over China using deep learning model with transfer learning [J]. Journal of Hydrology, 600 (D20): 126698.

Li Z, F Li, Zhu L, et al, 2020. Vegetable Recognition and Classification Based on Improved VGG Deep Learning Network Model [J]. International Journal of Computational Intelligence Systems, 13 (1): 559.

Liu B, Zhang Y, He D, et al, 2017. Identification of Apple Leaf Diseases Based on Deep Convolutional Neural Networks [J]. Symmetry, 10 (1): 11.

Liu G X, Nouaze J C, Touko P L, et al, 2020. YOLO - Tomato: A robust algorithm for tomato detection based on YOLOv3 [J]. Sensors (Basel), 20 (7): 344 - 349.

Liu J, Wang X, 2020. Tomato Diseases and Pests Detection Based on Improved YOLOv3 Convolutional Neural Network [J]. Frontiers in Plant Science, 11: 898.

Liu S, Qi L, Qin H, et al, 2018. Path aggregation network for instance segmentation [C] //Proceedings of the IEEE conference on computer vision and pattern recognition: 8759 - 8768.

Liu W, Wang Z, Liu X, et al, 2017. A survey of deep neural network architectures and their applications [J]. Neurocomputing, 234: 11 - 26.

Lowe D G, 2002. Object recognition from local scale - invariant features [C] //IEEE International Conference on Computer Vision. IEEE: 1150.

Lowe D G, 2004. Distinctive Image Features from Scale - Invariant Keypoints [J]. International Journal of Computer Vision, 60 (2): 91 - 110.

Lvarez - Canchila O I, Arroyo - Pérez D E, Patiño - Saucedo A, et al, 2020. Colombian fruit and vegetables recognition using convolutional neural networks and transfer learning [J]. Journal of Physics: Conference Series, 1547 (1): 012020 (6pp).

Mohanty S P, Hughes D P, Salathé Marcel, 2016. Using Deep Learning for Image - Based Plant Disease Detection [J]. Frontiers in Plant Science, 7: 1419.

Ojala T, Pietikainen M, Maenpaa T, 2002. Multiresolution gray - scale and rotation invariant texture classification with local binary patterns [J]. IEEE Transactions on Pattern Analysis and Machine Intelligence, 24 (7): 971 - 987.

Omrani E, Khoshnevisan B, Shamshirband S, et al, 2014. Potential of radial basis function - based support vector regression for apple disease detection [J]. Measurement, 55: 512 - 519.

Perronnin F, Dance C, 2007. Fisher kernels on visual vocabularies for image categorization [C] //2007 IEEE conference on computer vision and pattern recognition. IEEE: 1 - 8.

Poojary R, 2017. Efficient Automated Fruit and Vegetable Sorter based on Colour detection [J]. AEU - International Journal of Electronics and Communications, 4 (4): 30 - 38.

Przyby? oJ, Jab? oński M, 2019. Using deep convolutional neural network for oak acorn viability recognition based on color images of their sections [J]. Computers and Electronics in Agriculture, 156 (2): 490 - 499.

Quinlan J R, 1986. Induction on decision tree [J]. Machine Learning, 1 (1): 81 - 106.

Radoglou - Grammatikis P, Sarigiannidis P, Lagkas T, et al, 2020. A compilation of UAV applications for precision agriculture [J]. Computer Networks, 172: 107148.

Rahnemoonfar M, Sheppard C, 2017. Deep count: Fruit counting based on deep simulated learning [J]. Sensors, 17: 905 - 916.

Raja R, Nguyen T T, Slaughter D C, et al, 2020. Real - time weed - crop classification and localisation technique for robotic weed control in lettuce [J]. BiosystemsEngineering, 192: 257 - 274.

Redmon J, Diwala S, Girshick R, et al, 2015. You Only Look Once: Unified, Real - Time Object Detection [C]. Computer Vision and Pattern Recognition: 779 - 788.

Rekha Raja, Thuy Nguyen, David Slaughter, et al, 2020. Real - time robotic weed knife control system for tomato and lettuce based on geometric appearance of plant labels - ScienceDirect [J]. Biosystems Engineering, 194: 152 - 164.

Ren S, He K, Girshick R, Sun J, 2016. Faster R – CNN: Towards Real – Time Object Detection with Region Proposal Networks. IEEE Trans. Pattern Anal. Mach. Intell, 39: 1137 – 1149.

Rish I, 2001. An empirical study of the naive Bayes classifier [C] //IJCAI 2001 workshop on empirical methods in artificial intelligence. New York: IBM, 3 (22): 41 – 46.

Rumelhart D E, Hinton G E, Williams R J, 1986. Learning representations by back – propagating errors [J]. Nature, 323: 533 – 536.

Russakovsky O, Deng J, Su H, et al, 2014. ImageNet Large Scale Visual Recognition Challenge [J]. International Journal of Computer Vision, 115 (3): 211 – 252.

Ruud M Bolle, Jonathan H Connell, Norman Haas, et al, 1996. VeggieVision: A produce recognition system//Proceedings of the Third IEEE Workshop on Applications of Computer Vision. Sarasota, USA: 244 – 251.

Safavian S R, Landgrebe D, 2002. A survey of decision tree classifier methodology [J]. IEEE Transactions on Systems Man & Cybernetics, 21 (3): 660 – 674.

Sarkar N, Wolfe R R, 1985. Feature Extraction Techniques for Sorting Tomatoes by Computer Vision [J]. Transactions of the ASAE, 28 (3): 970 – 974.

Selvaraj M G, Vergara A, Ruiz H, et al, 2019. AI – powered banana diseases and pest detection [J]. Plant Methods, 15 (1): 92.

Shi Y, Eberhart R C, 2002. Empirical study of particle swarm optimization [C] // Evolutionary Computation, 1999. CEC 99. Proceedings of the 1999 Congress on. : 320 – 324.

Shook J, Gangopadhyay T, Wu L J, et al, 2020. Crop yield prediction integrating genotype and weather variables using deep learning [J]. Plos One, 11: 1 – 20.

Silver D, Huang A, Maddison C J, et al, 2016. Mastering the game of Go with deep neural networks and tree search [J]. Nature, 529 (7587): 484 – 489.

Silver D, Schrittwieser J, Simonyan K, et al, 2017. Mastering the game of Go without human knowledge [J]. Nature, 550 (7676): 354 – 359.

Steinbrener J, Posch K, Leitner R, 2019. Hyperspectral fruit and vegetable classification using convolutional neural networks [J]. Computers and Electronics in Agriculture, 162: 364 – 37.

Sun J, He X F, Ge X, et al, 2018. Detection of key organs in tomato based on deep migration learning in a complex background [J]. Agriculture, 8 (12): 8196 – 8209.

Szegedy C, Ioffe S, Vanhoucke V, et al, 2017. Inception - v4, inception - resnet and the impact of residual connections on learning//Proceedings of the Thirty - First AAAI Conference on Artificial Intelligence. San Francisco, AAAI: 12 - 18.

Taigman Y, Yang M, Marc, et al, 2014. DeepFace: Closing the Gap to Human - Level Performance in Face Verification [C] //2014 IEEE Conference on Computer Vision and Pattern Recognition (CVPR). IEEE Computer Society: 1701 - 1708.

Tang Y C, Chen M Y, Wang C, et al, 2020. Recognition and localization methods for vision - based fruit picking robots: a review [J]. Frontiers in Plant Science, 11: 510.

Uspenskiy I, Rembalovich G, Yukhin I, et al, 2020. Development and testing of a conveyor for detecting various types of vehicles when transporting agricultural products from the field [J]. IOP Conference Series: Materials Science and Engineering, 832 (1): 012059.

Van Henten E J, Van Tuijl B A J, Hemming J, et al, 2003. Van Os. Field Test of an Autonomous Cucumber Picking Robot [J]. Biosystems Engineering, 2003, 86 (3): 135 - 144.

Viola P, Jones M, 2002. Fast and robust classification using asymmetric adaboost and a detector cascade [C] //Advances in neural information processing systems: 1311 - 1318.

Wang J, Yang J, Yu K, et al, 2010. Locality - constrained linear coding for image classification [C] //Computer Vision and Pattern Recognition. IEEE: 3360 - 3367.

WANG Qiao, MENG Zhijun, LIU Hui, 2019. Review on application of binocular vision technology in field obstacle detection [C] //Proceedings of International Conference on AI and Big Data Application (AIBDA 2019): 13.

Washburn J D, Mejia - Guerra M K, Ramstein G, et al, 2019. Evolutionarily informed deep learning methods for predicting relative transcript abundance from DNA sequence [J]. Proceedings of the National Academy of Sciences of the United States of America, National Academy of Sciences, 116 (12): 5542 - 5549.

Yamamoto K, Guo W, Yoshioka Y, 2014. On plant detection of intact tomato fruits using image analysis and machine learning methods [J]. Sensors, 14 (7): 12191 - 12206.

Yang J, Yu K, Huang T, 2010. Supervised translation - invariant sparse coding [C] // Computer Vision and Pattern Recognition. IEEE: 3517 - 3524.

Yu Y, Zhang K L, Yang L, et al, 2019. Fruit detection for strawberry harvesting robot in non – structural environment based on Mask – RCNN [J]. Computers and Electronics in Agriculture (10): 1144 – 1149.

Zeiler M D, Fergus R. Visualizing and understanding convolutional networks [C]. Proceedings of the 13th European Conference on Computer Vision (ECCV), Zurich, Switzerland, 2014: 818 – 833.

Zhang B, Gu B, Tian G, 2018. Challenges and solutions of optical – based nondestructive quality inspection for robotic fruit and vegetable grading systems: A technical review [J]. Trends in Food Science & Technology, 81: 213 – 231.

Zhang S, Huang W, Zhang C, 2019. Three – channel convolutional neural networks for vegetable leaf disease recognition [J]. Cognitive Systems Research, 53 (JAN.): 31 – 41.

Zhang S, Wang H, Huang W, et al, 2018. Plant diseased leaf segmentation and recognition by fusion of superpixel, K – means and PHOG [J]. Optik – International Journal for Light and Electron Optics, 157: 866 – 872.

Zhao Y, Gong L, Zhou B, 2016. Detecting tomatoes in greenhouse scenes by combining adaboost classifier and color analysis [J]. Biosystems Engineering, 148: 127 – 137.

Zheng Y Y, Kong J L, Jin X B, et al, 2019. CropDeep: The Crop Vision Dataset for Deep – Learning – Based Classification and Detection in Precision Agriculture [J]. Sensors, 19 (5).

Zhu L, Li Z, Li C, et al, 2018. High performance vegetable classification from images based on Alexnet deep learning model [J]. International Journal of Agricultural and Biological Engineering, 11: 217 – 223.

后 记
Postscript

　　在人类文明的长河中，农业始终扮演着举足轻重的角色，而蔬菜作为人们日常生活中不可或缺的一部分，其生产链的智能化和优化对于维护粮食安全、提高农业生产效率具有至关重要的意义。首先，农业是人类社会的命脉之一，其发展直接关系到人类的生存和发展。而蔬菜作为人类饮食结构中不可或缺的组成部分，其生产链的智能化和优化是农业现代化的重要方向之一。通过引入先进的机器视觉技术，可以实现对蔬菜生产环节的精细化管理和监控，从而提高农业生产效率，确保农产品的质量和安全，为人类的粮食安全提供坚实的保障。其次，蔬菜生产链的智能化不仅能够提高农业的经济效益，还可以推动农业的可持续发展。传统的农业生产模式往往存在资源浪费、生产效率低等问题，而机器视觉技术的应用可以有效解决这些问题。通过实时监测和数据分析，农民可以更好地了解农作物的生长情况，科学施肥、灌溉，减少农药的使用，从而降低生产成本，提高农产品的品质，实现农业的可持续发展。最后，蔬菜生产链的智能化还将为农村地区的发展带来新的机遇。随着机器视觉技术的普及和应用，农村地区的农民将有机会接触到更先进的生产工具和技术，提高自身的生产能力和技术水平，实现农业现代化的跨越式发展。同时，农村地区的农产品销售也将更加便捷，有助于增加农民的收入，改善农村居民的生活水平，推动农村经济的繁荣和发展。

　　本书的完成，不仅是我多年来在人工智能和机器视觉领域的研究成果的总结和展示，更是对蔬菜产业链智能化发展的一次深入探索和积极贡献，也意味着对蔬菜生产链各个环节的机器视觉关键技术进行了系统性的研究和探索。在本书中，我们深入分析了种植、生长监测、病虫害识别、采摘、加工质量检测等方面的技术问题，并提出了一系列创新性的解决方案。通过对不同环节的技术进行综合分析和整合，我们为蔬菜生产链的智能化提供了全面而系统的解决方案，为相关研究和实践提供了重要参考和借鉴。本书的完成标志着对蔬菜产业链智能化发展进行了积极的探索和实践。随着科技的不断进步和社会需求的不断变化，农业智能化已成为农业发展的重要方向之一。在本书中，我们针对蔬菜生产链的特点和需求，探索了机器视觉技术在不同环节的应用，为蔬菜产业链的智能化发展提供了理论和实践的支持。通过本书的研究和总结，我们为相关领域的研究和实践提供了宝贵的经验和启示，为推动蔬菜产业链的智能化发展做出了积极贡献。本书的完成也反映了对人工智能和机器视觉领域的持续关注和深入探索。人工智能和机器视觉作为当今科技发展的热点领域，对各行各业的发展都具有重要意义。在本书中，我们不仅关注了技术的前沿进展，还着眼于技术在蔬菜产业链中的实际应用，充分发挥了技术在解决现实问题中的作用。通过本书，我们为人工智能和机器视觉领域的发展提供了新的思路和方法，为相关领域的研究和实践注入了新的活力和动力。

　　在编写本书的过程中，我们深入探讨了蔬菜全产业链中各个环节的机器视觉关键技术，从病害识别到采摘定位再到智能称重，每一个环节都是我们不断探索和创新的对象。首先，我们致力于病害识别技术的研究。病害对蔬菜生产的影响不可忽视，因此我们将其作为研究重点之一。通过深入分析病害在不同环境下的特征和表现，我们设计了一系列机器视觉算法和模型，实现了对蔬菜病害的准确识别和早期预警，为农民提供了科学的防治方案，有效减少了农作物损失。其次，我们着眼于采摘定位技术的探索与创新。采摘是蔬菜生产链中的关键环节之一，传统的人工采摘方式存在效率低和成本高的问题。因此，我们基于机器视觉技术，开发了一套智能采摘定位系统，实现了对蔬菜成熟度和采摘位置的准确识别，极大地提高了采摘效率和产品质量，降低了人力成本，为蔬菜产业链的智能化发展提供了重要支持。最后，我们着手研究智能称重技术的应用。蔬菜产品的称重是加工和销售过程中不可或缺的环节，而传统的手工称重方式存在误差大、效率低的问题。因此，我们引入机器视觉技术，设计了一套智能称重系统，能够实时准确地对蔬菜产品进行称重，提高了称重的精度和效率，为蔬菜产业链的数字化转型和智能化升级提供了可靠的技术支持。在这个过程中，我们经历了无数的挑战和困难，但也收获了科学探索的乐趣和成就感。通过不断地实验研究和案例分析，我们挖掘出了许多令人振奋的成果，为蔬菜生产链的智能化发展提供了重要的理论和实践支持。我们相信，这些研究成果将为农业生产带来更多的机遇和挑战，为实现农业现代化和可持续发展贡献我们的智慧和力量。

在本书的撰写过程中，我们深刻思考了蔬菜产业链智能化发展的意义和价值，这一思考不仅是对农业发展的理论思考，更是对社会经济发展的现实需求的回应。我们意识到智能化技术在农业中的应用，不仅可以提高生产效率和降低成本，更能够为农产品质量的提升和农业可持续发展做出积极贡献。随着人口增长和城市化进程加快，农业生产面临着更大的挑战，而智能化技术的应用恰逢其时，为农业的高质量、高效益发展提供了新的动力和方向。首先，智能化技术在农业生产中的应用可以显著提高生产效率和降低生产成本。传统的农业生产方式通常依赖于人工劳动，劳动密集型和周期性较强，容易受到天气、季节和人力资源等因素的限制。而机器视觉技术的应用可以实现农业生产的自动化和智能化，例如利用机器视觉技术实现对农田的自动化管理和作物生长情况的实时监测，可以大大减轻农民的劳动强度，提高生产效率，并且降低生产成本，使农业生产更加具有竞争力。其次，智能化技术的应用还可以提高农产品质量，推动农业向高质量、高效益发展。通过机器视觉技术实现对农作物的精准管理和智能化控制，可以及时发现并应对病虫害等问题，保障农产品的质量和安全。同时，智能化技术还可以优化农业生产过程，减少资源浪费和环境污染，提高产品的品质和附加值，推动农业向精细化、专业化、品牌化方向发展，为农民增加收入，助力乡村振兴。最后，智能化技术为农业产业链的数字化转型提供了强大的动力，助推了农业现代化和智能化的步伐。随着信息技术的快速发展，农业生产已经逐步向数字化、网络化、智能化方向转变，智能化技术已经成为农业发展的重要支撑。通过构建智能化的农业生产体系和数字化的农业产业链，可以实现农业资源的优化配置和高效利用，提高农业生产的整体效益和市场竞争力，为实现农业的可持续发展和现代化奠定坚实基础。

在我们深入研究蔬菜产业链机器视觉关键技术的过程中，我们深信科技的不断进步和创新将推动机器视觉技术在农业中的广泛应用。随着人工智能、大数据和云计算等前沿技术的不断涌现，我们对于机器视觉在农业领域的应用前景充满信心。从种植到采摘，从质量检测到加工，机器视觉技术将为整个蔬菜产业链带来革命性的变革。我们相信，这种技术的普及将为农业生产带来更多的机遇和挑战，同时也将为我们解决当前和未来的农业难题提供更加强大的工具和支持。

我们希望本书能够成为该领域的权威参考，为研究者提供宝贵的知识和经验，激发更多人投身于农业智能化技术的研究和应用。通过深入挖掘机器视觉技术在蔬菜产业链中的潜力和应用，我们可以为农业的智能化发展探索新的路径，为农业现代化注入新的活力和动力。因此，我们期待着本书能够成为行业内的标杆，引领着更多的人投身于这个充满活力和创新的领域。

在这里，我们要由衷地感谢所有支持和帮助过我们的人，正是有了他们的辛勤工作和付出，本书才得以顺利完成。他们的支持和鼓励是我们前进的动力，是我们坚持不懈的源泉。同时，我们也怀着一颗感恩的心，期待着未来能够继续在人工智能和机器视觉领域做出更多的贡献，为农业智能化发展贡献我们的力量和智慧。

最后，我们将这本书献给所有致力于农业智能化发展的研究者和从业者。愿我们共同携手，共同努力，为实现农业现代化和可持续发展贡献我们的智慧和力量。让我们肩并肩地走在推动农业智能化发展的道路上，为农业产业的未来添砖加瓦，让世界更加繁荣和美好。

图书在版编目（CIP）数据

蔬菜全产业链机器视觉关键技术 / 王学伟，刘君著.
北京：中国农业出版社，2024. 7. -- ISBN 978-7-109
-32174-8

Ⅰ. F326.13

中国国家版本馆 CIP 数据核字第 20245J0Z65 号

中国农业出版社出版

地址：北京市朝阳区麦子店街 18 号楼
邮编：100125
责任编辑：边　疆　　文字编辑：李兴旺
版式设计：杨　婧　　责任校对：吴丽婷
印刷：中农印务有限公司
版次：2024 年 7 月第 1 版
印次：2024 年 7 月北京第 1 次印刷
发行：新华书店北京发行所
开本：700mm×1000mm　1/16
印张：13.5
字数：200 千字
定价：88.00 元
